10~18岁，妈妈送给孩子的心灵鸡汤

这是10～18岁青春期孩子提升智慧、启迪心灵的励志经典。
孩子们长大了，总是要离开家的，既然不能时刻伴随左右，
就让这本书帮助他们去拥抱世界吧！

程文艳 编著

朝華出版社

图书在版编目（CIP）数据

10～18岁，妈妈送给孩子的心灵鸡汤 /程文艳编著．
—北京：朝华出版社，2011.7
ISBN 978-7-5054-2868-3

Ⅰ.①1… Ⅱ.①程… Ⅲ.①青春期一家庭教育
Ⅳ.①G78

中国版本图书馆CIP数据核字（2011）第140793号

10～18岁，妈妈送给孩子的心灵鸡汤

作　　者　程文艳

选题策划　杨　彬　王　磊
责任编辑　侯剑芳
责任印制　张文东
封面设计　形式书籍设计

出版发行　朝华出版社
社　　址　北京市西城区百万庄大街24号　**邮政编码**　100037
订购电话　（010）68413840　68996050
传　　真　（010）88415258（发行部）
联系版权　j-yn@163.com
网　　址　http://www.blossompress.com.cn
印　　刷　三河市三佳印刷装订有限公司
经　　销　全国新华书店
开　　本　710mm×1040mm　1/16　**字　　数**　180千字
印　　张　15.5
版　　次　2012年3月第1版　2012年3月第1次印刷
装　　别　平
书　　号　ISBN 978-7-5054-2868-3
定　　价　28.00元

目录
CONTENTS

Chapter 03 立刻行动！行动！行动！——绝不拖延

Chapter 04 勤奋是通往成功的必由之路

Chapter 06 重视细节——雕琢未来的完美刻刀

Chapter 07 懂得爱自己，更要爱周围的每一个人

Chapter 08 心态——笑对生活的每一天

Chapter 09 感悟生命——以纯美的灵魂对待生活

Chapter 10 做最优秀的自己

前言

PREFACE

10～18岁青春期的少男少女正在经历人生中最强烈的变化，他们似乎一夜之间长大成人，开始用独立的眼光看待周围的世界——他们叛逆、情绪多变、学习成绩不稳定、渴望被认同；同时他们又处于心态和个性形成的关键时期，心理上也常常出现各种各样的问题，如难于应对挫折、缺乏自信、意志薄弱、心理承受能力差，甚至打架、骂人、说谎、厌学逃学……面对孩子成长的特殊时期，如何教育孩子，让孩子健康成长，成为困扰很多妈妈的一个重要问题，而此时的教育，也关系到孩子一生的成败。

授之以鱼不如授之以渔，教给孩子获得快乐的能力，让他们拥有一个阳光的心态和健康的心灵是父母送给孩子最好的礼物。这种爱的教育不应该是耳提面命的喋喋不休，而应该是“随风潜入夜，润物细无声”的潜移默化。

有这样一个故事：

有一天，有个顽皮的孩子把家门口大树上的一个鸟窝给掏了，抓住了一只羽翼未丰的小麻雀。在玩弄手中这只惊恐不安的小麻雀时，孩子显得兴高采烈。孩子的妈妈看到后并没有马上批评他，而是示意他把那只小麻雀放在家门口，然后让孩子静静地看着它。不一会儿，一个令人震撼的场景出现了：门口的树上一只大麻雀声嘶力竭地叫着，竟几次不顾一切地俯冲下来，试图叼起那只小麻雀飞回树上，但都失败了。妈妈轻声地问孩子：“是什么力量使大麻雀奋不顾身地飞下来？”孩子从惊奇中醒悟过来：“是母爱……”孩子陷入了沉思，他为这勇敢而伟大的母爱深深地感动了。

在我们的生活中，存在着很多鲜活的事例，这些发人深思的故事是启发孩子心灵的好素材。罗斯·斯图特说："一个故事能改善与他人的关系，怡人情性，使人恍然大悟，认识到'我们同在一片蓝天下'。一则故事可使我们沉思生存的意义，或使我们接受新的真理，或给我们以新的视野和方式去体察大千世界的芸芸众生。"

本书精心挑选了几百个充满趣味、温情与哲理的小故事，犹如一剂剂滋养心灵的鸡汤，涵养孩子的心性，教化他们的德行，教给他们人生的智慧与哲理——

为孩子们总结成功的经验，给他们提供了无数鲜活的、伟大的榜样；

给孩子们确立了努力的方向，鼓舞他们坚持不懈地为梦想奋斗；

为孩子们指引前进的方向，以便他们更好地了解自己、完善自己；

教会孩子们如何得心应手地处理生活中的难题，更好地把握成功的机遇，不仅让自己成为一个优秀的人，更让自己成为一个幸福快乐的人。

真诚希望本书能够给予正为培养孩子而苦恼的妈妈们和处于青春期的孩子们以启迪和帮助，希望书中的故事可以让孩子们化解心头疑虑，希望每一颗心灵都充满明媚的阳光，希望每一个孩子都带着健康的心态奋斗拼搏，怀抱美好的情感享受生活，拥有温暖幸福的人生。

Chapter

01

“You are No.1”

——你的梦想一定能实现

梦想是生命中最美丽的一道风景，绚烂的梦想指引着我们前进的方向。树立什么样的目标，拥有什么样的梦想，决定了我们将成为什么样的人。梦想鞭策着我们朝着“第一”去努力，去奋斗。当经过磨难、穿过黑暗之后，我们会惊喜地发现，即使我们平凡如一粒沙子，也会在对梦想的追求中蜕变成一颗光彩夺目的珍珠。

一块有了愿望的石头能走多远

在法国，有一位叫贝莱蒂的小邮差，他每天在各个村庄之间忙碌地奔走。有一天，贝莱蒂在匆忙行走时，不小心被脚下的一块石头绊倒了。

他本来并不在乎，站起身掸了掸尘土，正准备继续赶路，可是就在这时，他突然发现绊倒他的那块石头看起来非常特别。于是，他把那块石头捡起来仔细擦干净，然后放进了自己的邮包……

从那天开始，贝莱蒂的邮包里除了信件外，总是装着那块别致的石头。很多人都对贝莱蒂的做法不解，大家都劝他说："小伙子，把它扔了吧，你每天带着一块这么沉重的石头送信，分明是给自己增加负担嘛。"

可是贝莱蒂不以为然，每当听到人们劝他丢弃那块石头时，他总是小心翼翼地把它取出来，然后捧在手中说："你们谁见过这样美丽的石头？"

听了贝莱蒂的话，人们都嘲笑他说："这样的石头满山都是，如果你都要捡的话，那真够你捡一辈子的。"

可贝莱蒂并不这样认为，看着手里那块漂亮的石头，他突然产生了一个奇妙的想法：如果用很多美丽的石头修建一座城堡，那将是多么神奇的一件事啊！

于是，贝莱蒂开始每天在送信的途中捡漂亮的石头。他明白，想要建造一座大大的城堡需要很多美丽的石头，为了捡到更多的石头，他每天不辞劳苦地推着独轮车去送信。每当看到美丽的石头，他都会如获至宝一样把它装上自己的独轮车。

从此以后，贝莱蒂每天都过着忙碌的生活，白天他是

成长感悟

当一块石头有了愿望，它就不再是石头，也不再静卧在泥土之中。贝莱蒂并不愚笨，面对人们嘲笑的目光，他只是轻轻地一笑，只有他自己明白，他不是在捡石头，而是在构筑自己的梦想城堡。

一位智者曾说："没有愿望就没有奇迹。"确实，如果让生命中的每一样东西都拥有愿望，那我们的人生将是多么的绚丽和精彩。带着梦想前行，让你的人生从此不同。

一个邮差，同时也是一个运输石头的苦力；晚上他又是一个建筑师，一块石头一块石头地垒建自己梦想的城堡。

贝莱蒂的奇怪举动引来了很多人的嘲笑，人们都认为他简直是疯了。

时间就这样一天一天过去了，20年后，贝莱蒂住处的周围已经建起了各种各样的城堡。但当地的人们并没有为之震撼，觉得那只是一个奇怪的人所进行的一些奇怪的游戏而已。

1905年，法国一家报社的记者偶然发现了贝莱蒂的城堡群，这里的风景和城堡的建筑格局让他感叹不已。很快，贝莱蒂城堡的照片就出现在了报纸的头版头条上。美丽的城堡让世人惊叹，很多人都从世界各地慕名而来，甚至连西班牙鼎鼎大名的艺术大师毕加索也对那些充满想象力的城堡赞不绝口。

很多年过去了，这个城堡已经成为法国最著名的风景旅游点，它的名字就叫做“邮差贝莱蒂之理想宫”。

贝莱蒂第一次捡到的那块石头被镶嵌在城堡的入口处，在那块美丽别致的石头上面，刻着贝莱蒂留给后人的一句话：“我想知道一块有了愿望的石头能够走多远。”

127项宏伟志愿

对于有些人来说，梦想是那样的遥不可及，但对于那些坚信梦想、执著努力的人来说，梦想是可以实现的，这些梦想是他们生活的动力。

在美国洛杉矶的一个小镇上，有一位内心充满各种美好幻想的少年。15 岁那年，这位少年把自己的梦想都写在了一张白纸上，并把这张字迹满满的纸张命名为"一生的志愿"。

在这张"志愿表"上，列着这样一排长长的计划："徒步攀登珠穆朗玛峰、乞力马扎罗山和麦金利峰；到尼罗河、亚马逊河和刚果河探险；行走一遍东方的丝绸之路；穿越撒哈拉大沙漠；主演一部功夫电影；读完莎士比亚、狄更斯、柏拉图和亚里士多德的著作；最少写一首歌曲和一本书；拥有一项发明专利；为艾滋病患者筹集 100 万美元慈善基金；游览 100 个国家；结婚生子；学会驾驶飞机……"

每一项都编了号，少年满怀激情地一口气列举了 127 项人生的宏伟志愿。

这位少年的各项志愿，在很多人看来是痴人说梦，不要说实现全部了，哪怕仅仅是完成其中的一两项，那就已经很了不起了。但是少年却满怀热情，他相信只要付诸实践和艰苦的劳动，就一定会梦想成真。

就这样，少年开启了自己的人生旅程，踏上了实现理想的漫漫征程。一路荆棘密布，少年却不畏各种艰难险阻，在 44 年之中，他经历了 18 次死里逃生和数不尽的挫折磨难，最终实现了"一生的志愿"中的 106 个愿望……

这位写下梦想清单的少年，就是上个世纪最著名的探险家约翰·戈达德。

在一次采访中，当记者问他是凭借着怎样的力量，把那些几乎不可能实现的梦想都一一变成现实时，约翰·戈达德微笑着回答："其实很简单，我先让自己的心抵达梦想的彼岸，然后身体就充满了神奇的力量，接下

成长感悟

当约翰·戈达德写下那份梦想清单的时候，很多人都认为那只是一个懵懂少年的天真幻想而已。但是，约翰·戈达德却用自己一生的坚持与实践去证明，那不是一份随意涂写的美梦图表，那就是自己的生命坐标！

巴尔扎克曾经说："在二十岁的时候，每一个人都是一位诗人。"确实，每个人在少年时代都会有许多梦想，但是时间如同流水，在匆匆长大的过程中，很多人都渐渐被磨光了棱角。如果真的希望自己梦想成真，就要付出自己的毕生努力。无论你遭遇什么样的挫折，都要牢记梦想，都不要轻言放弃。如果我们能做到这一点，又有谁能说梦想不能成真呢？

来，我只需要沿着心灵的召唤前进就可以了。”

给总统夫人的约稿信

《黑人文摘》的创办者约翰逊，属于那种为了梦想一直坚持的人。

《黑人文摘》创办之初，销量一直不太好。为了扩大影响，增加发行量，约翰逊想了一个主意，他决定请一个有影响力的白人来一个“角色置换”，写一篇题目为“假如我是黑人”的文章。经过多方面的考虑，约翰逊认为最有影响力的白人是罗斯福总统夫人。

于是约翰逊诚恳地给罗斯福总统夫人写信约稿，但第一次请求被总统夫人在回信中以“没有时间”为由婉言谢绝了。但约翰逊知道，总统夫人是不愿意写，只是不好开口说出来。

一个月后，约翰逊又给总统夫人写了一封信，回信说还是太忙。以后，每隔一个月，约翰逊就写一封信，可总统夫人总是说连一分钟空闲的时间也没有。

约翰逊始终认为：只要总统夫人没有直接拒绝自己，就说明还有一线希望。所以约翰逊不断坚持给总统夫人写信，他相信总有一天总统夫人会有时间的。

最终，罗斯福总统夫人被约翰逊锲而不舍的精神所打动，亲自来到杂志社，认真地为《黑人文摘》写了一篇文章。由于罗斯福总统夫人的号召力，《黑人文摘》的发行量在一个月之内很快由**5**万份猛增到**15**万份，约翰终于成功了！

成长感悟

水滴尚可以穿石，又何况是一颗对梦想执著追求的心呢？面对总统夫人的拒绝，约翰逊并没有放弃，一封又一封的信件承载的是他对梦想的坚持，最终，他成功了。

爱迪生曾说：“如果我的试验失败100次，那么我依然会在第101次的时候全力以赴。”坚持是一种强大的力量，梦想的实现正需要这种坚持的精神。有了坚持，梦想就能萌芽、生长、绽放，最终结出美的果实。

有希望，梦想就会实现

美国家居仓储公司首席执行总裁伯尼·马库斯年轻时经常去教堂祈祷，每次都会对上帝许一些愿望。

一天，在教堂门口，一位老婆婆问他："这么多年，你向上帝许了很多愿望，实现的有几个？"

马库斯很满足地说："第一年，我许愿，希望母亲的病好起来，可是**6**个月后，母亲还是去世了；第二年，我许愿，希望我的大学考试能顺利过关，但突如其来的病痛，打碎了我的梦想；第三年，我许愿，希望我能娶一个漂亮的妻子，后来我娶了一个眼睛较小的妻子；第四年，我许愿能有一个儿子降生，可妻子生的是一个女儿……"

老婆婆奇怪地问："那你为什么每年还来许愿？"

马库斯说："我母亲虽然去世了，但她却比医生估计的多活了**3**个月，终日有亲人相伴在病榻边，临终时，她说她很满足；虽然我错过了大学考试，后来，我在一个工程师手下做助理，也学了不少实际的知识，那些是学校里学不到的；我的妻子虽然不算漂亮，但很聪明，她是我的得力助手；虽然妻子生的是一个女儿，但女儿聪明伶俐，乖巧可爱，我相信她会有一个幸福的人生，找到一个很好的青年做丈夫……"

老婆婆微笑着说："愿上帝听到你的祈祷。"

马库斯笑着回应道："虽然我的愿望每年都没有得到实现，但是，每许一个愿望，就是一个梦想的诞生，有了梦想就有希望。每一件不幸的事情发生后，我都会从好的方面考虑，才能在不幸福的时候，让自己永不

成长感悟

马库斯是不幸的，他带着虔诚的心许下了那么多的愿望，可是一个都没有实现；马库斯又是幸福的，因为在他的心中，永远都埋藏着梦想与希望。

能否实现梦想并不重要，重要的是一颗渴求的心和追逐梦想的过程。每许一个愿望，就是一个梦想的诞生，也就拥有了一个希望。拥有梦想让你与众不同，因为有梦想才有希望，有梦想才有未来。

绝望。”

多年以后，马库斯凭着对梦想的渴望与追求，创造了奇迹。他所创办的仓储公司由小到大，最终成为拥有775家分店、15万名员工、年销售额达到300亿美元的世界500强企业。

奇迹如何诞生

在美国加利福尼亚州的佳登格勒佛，有一座宏伟的水晶大教堂，它是全体圣职人员的乐园，著名的国际电视转播节目《力量时间》也在这里录制和播出。

在这座举世闻名的乐园的诞生过程中，曾经发生过这样一个让人为之感动的故事。

1968年的春天，罗伯特·舒乐博士决心在加利福尼亚州建造一座水晶大教堂。他向当时著名设计师菲力普·约翰逊描述了自己的梦想：

“我要建造的不是一座普通的大教堂，我要在人间建起一座伊甸园。”

菲力普·约翰逊问他预算的情况，罗伯特·舒乐博士坦率而明快地回答：“我现在一分钱也没有，所以，对于我来说，100万美元和1000万美元的预算没有本质上的区别。重要的是，这座水晶教堂本身要具有足够的魅力来吸引外界的捐款。”

后来，经过计算，这座水晶大教堂初步预算为700万美元。这700万美元对于当时的罗伯特·舒乐博士来说，不仅是一个超出了他能力范围的数字，甚至是远远超出了众人想象范围的数字。

当天夜里，为了筹到这笔巨大数额，罗伯特·舒乐博士拿出一页白纸，在最上面写上"700万美元"，然后又写下下面10行字：

- 寻找1笔700万美元的捐款
- 寻找7笔100万美元的捐款
- 寻找14笔50万美元的捐款
- 寻找28笔25万美元的捐款
- 寻找70笔10万美元的捐款
- 寻找100笔7万美元的捐款
- 寻找140笔5万美元的捐款
- 寻找280笔25000美元的捐款
- 寻找700笔1万美元的捐款
- 卖掉1万扇窗，每扇700美元

对700万美元进行分解之后，罗伯特·舒乐博士对这个数字有了清晰的概念，而且也有了信心。

从此以后，罗伯特·舒乐博士开始了他苦口婆心、坚持不懈、漫长的募捐生涯。

在第60天时，他用水晶大教堂奇特而美妙的模型打动了大富商约翰·科林，得到了他的第一笔筹款100万美元。

第65天，一对听了罗伯特·舒乐博士演讲的农民夫妇，捐出了1000美元。

第90天时，一位被罗伯特·舒乐博士孜孜以求精神所感动的陌生人，在博士生日当天寄来了一张100万美元的银行支票作为礼物。

8个月后，一名捐款者对罗伯特·舒乐博士说："如果你的诚意与努力能使你筹到600万美元，剩下的100

成长感悟

繁华的水晶大教堂看似是一个遥不可及的梦想，却晶莹剔透地矗立在人们的面前。罗伯特·舒乐博士的故事告诉我们，奇迹并不是空中楼阁从天而降，奇迹是从点点滴滴中孕育而生。

不是每个人都能建一座水晶大教堂，但是，每个人都可以构建自己梦想的大厦。每个人都可以摊开一张白纸，敞开心扉，写下10个甚至100个梦想，然后再写下10个或100个实现梦想的途径。也许有一天，你会突然发现，奇迹就出现在你眼前。

万美元由我来支付。”

第二年，罗伯特·舒乐博士以每扇窗户500美元的价格请求美国人名誉认购水晶大教堂的窗户，付款的方法为每月50美元，10个月分期付清。结果，不到6个月，一万多扇窗户就全部认购完毕。

1980年9月，历时12年，可容纳1万多人的水晶大教堂全部竣工，成为世界建筑史上的一个奇迹与经典，也成为世界各地游客前往加利福尼亚州必去瞻仰的胜景。

建造水晶大教堂共用了2000万美元，比最初的预算要多得多，这些资金全部是罗伯特·舒乐博士一点一滴筹集起来的。

修鞋匠出身的大律师

1966年，姚崇新出生在河南省一个贫困的农村家庭。高中一年级时，父亲因病去世，本就贫寒的家境变得更加一贫如洗。没办法，小姚只得含着眼泪选择了辍学。在家务农两年后，他随一支建筑队来到青岛，开始了自己的打工生涯。

在上学的时候，姚崇新心中就埋藏着一个梦想，那就是将来做一名出色的律师。在工地干活的日子里，虽然每天的工作都非常劳累，但他依然没有忘记自己的理想。每天晚上，当工友们都拖着疲惫的身体上床休息后，他却借着工地上昏暗的灯光，捧起了心爱的书本。

天道酬勤，凭着自己的不懈努力，姚崇新考上了青岛市职工大学。他开始一边工作，一边利用业余时间上大学。

可是不久后，建筑队要移师别的城市接手新的工程。现实是残酷的，如果他跟着建筑队走，那就只能中断学业，而如果他选择留下，那就意味着失去工作，没有了经济来源。他开始了激烈的思想斗争，他的脑海中一遍又一遍地浮现着自己作为一名律师出现在法庭上的情景。最终，他决定留下来继续读大学，继续向着自己的梦想前进。

姚崇新后来一直都没有再找到工作。也就在这个时候，一个修鞋的人给了他启发。他发现这个活儿很不错，机动灵活，时间可以自己掌握，既能保证学业，又解决了温饱问题。于是，姚崇新用身上仅剩的一些钱买了修鞋用具，当起了一名走街串巷的修鞋匠。

在当修鞋匠的日子里，他养成了一个生活习惯：每天凌晨3点就起床，读书到6点，大脑疲乏时再休息一小时，7点钟吃饭，边吃饭边继续读书，8点钟出摊，下午4点收摊，然后匆匆赶到学校上课。就这样，在梦想的召唤下，他的这种苦读生活一过就是10年。

1999年10月，姚崇新怀着激动而忐忑的心情走进了律师资格考试的考场，但是却名落孙山。10年的打工苦读都不在话下，这次失败又算什么？他并没有灰心，2000年10月，他再一次迈进了律师资格考试的考场。这一次，他成功了。不久之后，姚崇新告别了那个他背负了10年的修鞋箱，走进了青岛市某家律师事务所。

修鞋匠当律师的消息不胫而走，各家媒体都纷纷予以报道，姚崇新的人生揭开了新的篇章。

成长感悟

现实生活对于姚崇新来说是残酷的：家境贫寒、父亲早逝、被迫辍学……但是，在这样艰苦的条件下，他为什么能够成功？因为心中有梦！对梦想的期待不受任何事物的羁绊，有了梦想，天空越发辽阔，目标也越发清晰。梦想可以让一名小小的修鞋匠变成鼎鼎大名的大律师。

不要为卑微的东西祈祷

霍尔太太是一位虔诚的基督徒，每次上课前，她都领着孩子们进行祈祷。霍尔太太告诉孩子们："只要你们足够虔诚，那么，祈祷就会让你们获得一切。"

4 岁的小克莱门斯忍不住问老师："如果我祈祷上帝，那么他能给我想要的东西吗？"

"当然可以，你真心的祈祷会打动上帝，他会给你任何你想要的东西。"霍尔太太十分肯定地答道。

小克莱门斯的家境很贫寒，他最大的梦想就是获得一块又大又香的面包。他的同桌是一个褐色头发的小姑娘，她每天都可以有一块诱人的面包作为早餐。小姑娘每次都拿着自己的面包问小克莱门斯要不要吃一口，小克莱门斯咽了咽口水，但却坚定地摇了摇头。

一次放学的时候，小克莱门斯对同桌小姑娘说："明天我也会得到一块大面包的。"回到家后，小克莱门斯就开始默默祈祷，他相信就像霍尔太太说的那样，上帝一定能看到他那颗虔诚的心，会赐予他一块又大又香的面包。

第二天起床后，小克莱门斯马上把手伸进了书包，可是那里面空空如也，并没有那块梦想中的面包。贫穷的孩子没有灰心，他又坚持祈祷了一个月，可是日思夜想的面包却依然不见踪影。同桌的小姑娘问他："你的面包呢？"小克莱门斯脸都羞红了，他低着头说："上帝一定没有听到我的祈祷，每天有那么多人祈祷，而上帝只有一个，他怎么忙得过来呢？"

霍尔太太听说了小克莱门斯的祈祷，她把这个瘦小的孩子叫到了面前，慈祥地说："很多人和你一样，他们的祈祷都是为了得到一块面包。但是，一块面包用几个硬币就可以买到，我们为什么要花那么多的时间去祈求一块小小的面包呢？孩子，一个人的梦想不应该这么廉价。"

霍尔太太的话深深地刻在了小克莱门斯的心里，他决定不再祈祷，他要通过自己的努力去获得想要的东西。小克莱门斯对自己说："我不能再为一件卑微的东西祈祷了，我的梦想不该这么廉价，我的梦想应该更远大、更有意义。"

多年以后，小克莱门斯长大成人了，当他用"马克·吐温"这个笔名发表一部又一部著作的时候，他已经跻身美国最伟大的作家行列。他始终记着童年时的那件小事，他一直告诫自己：不要为卑微的东西祈祷，梦想应该是远大而光明的东西！

成长感悟

为卑微的东西祈祷，只能让我们自己更加卑微，梦想应该是一双飞翔的翅膀，而不是赖以充饥的小小面包。人生是一场漫长的旅行，我们的目光应该放得更远，那里有更加美丽的风景。

祈祷天堂里的上帝，不如依靠自己的双手；祈祷虚无缥缈的恩赐，不如付出自己最诚恳的劳动。

不要让梦想等太久

肠胃科病房里同时住进了两个病人，都是因为肚子不舒服。在等待化验结果的时候，甲说，如果是肠癌，立即去旅行，并首先去青藏高原。乙也表达了同样的愿望。

化验结果出来了，甲患的是肠癌，而乙患的是慢性肠炎。

甲列了一张人生计划表，然后离开了医院，乙住了下来。

甲的计划表是：去旅行，终点是青藏高原。从攀枝花坐船一直到长江口；从海南的三亚以椰子树为背景拍一张照片；在哈尔滨过一个冬天；从大连坐船到广西的北海；登上天安门；读完莎士比亚的所有作品；写一本关于旅行的心得……他一共列了**25**条心愿。

甲在他的人生计划表后面这样写道：我的一生有很多梦想，有的实现了，有的由于种种原因没有实现。如今上天给我的时间不多了，为了不遗憾地离开这个世界，我打算用生命的最后几年去实现剩下的这些梦想。

于是，甲辞去了他的工作，去了青藏高原。第二年，又以惊人的毅力在哈尔滨度过了一个寒冷的冬天。在这期间，他瞻仰了北京天安门和人民英雄纪念碑，也爬上了万里长城；游览了内蒙古大草原；在大连吃了令他终生难忘的海鲜……现在，他正忙碌地写作，关于他旅行的心得。

一天，已经康复的乙看到甲写的游记，打电话过去问甲的病况。甲说，真是难以想象，如果不是这场大病，我的生命该是怎样的平淡啊！是它提醒了我，让我做一些自己想做的事情，去实现自己多年的梦想。现在，我终于体会到了什么才是真正的生命和人生。

当甲问及乙时，乙支支吾吾没有回答。因为当乙康复以后，他觉得自己的生命还很长，所以早已经把当年医院的梦想抛到了九霄云外。

几年以后，甲去世了，他带着满足离开了人间。过了好多年，乙也去世了，但他的人生却留下了很多的遗憾。

很多人像那位得了癌症的人一样，在生命的最后时间，列出了一张生命的清单，他们抛开一切多余的东西，为了梦想去冒险，去做一些自己想做的事情，把梦想变成了现实；而那些自认为生命还很久的人，却并没有这样做，他们碌碌无为地苟活着，等到生命的最后一天才

成长感悟

甲完成了自己的梦想，带着满足去了另一个世界，而乙虽然度过了漫长的人生，但他的生命就像一张白纸。我们不能左右生命的长度，但却可以靠自己的努力拓展生命的宽度。

是的，生命是短暂的，人生的道路也是曲折的，但它延伸的方向永远是远方，终点永远是梦想。不要把梦想带进坟墓，趁着你还年轻，为自己列出一张生命的清单，抛开一切多余的东西，去实现你的梦想，做自己想做的一些事情。

发现，自己的人生梦想一件也没有实现过，最后也只能把梦想带进坟墓。

做一棵有魔法的毛竹

作家林清玄的父母都是农民，小时候，看到父母在农田里流汗受罪，他便萌生出一个梦想：当一名作家，坐在桌子前写字。父亲觉得他是在做白日梦，劝他好好干活儿，可是他不听，依旧做着自己的梦。

但是，由于生活阅历的欠缺和知识面的狭窄，他的投稿往往石沉大海，杳无音信。他变得很沮丧，觉得自己怀才不遇，对未来产生了莫名的恐慌。

有一天，学校里的杨教授见他神情沮丧，就知道他一定是遇到了什么不开心的事。杨教授给他倒了一杯茶，让他说说自己的心事。他犹豫了一会儿后，就把自己投稿的事情讲了出来，还说自己对梦想产生了怀疑。杨教授听后，并没有直接发表自己的意见，而是和他谈起一种植物："有一种毛竹，在栽种它的最初 **5** 年中，几乎观察不到它的生长，即使生存环境十分适宜也是如此。但是，只要 **5** 年一过，它就会像被施了魔法一样，开始以每天两英尺的速度迅速生长，并在 **6** 个星期内长到 **190** 英尺的高度。"杨教授看了看沉默的他，接着又说："当然，事实上并没有什么魔法，毛竹的快速生长所依赖的是它那长达几英里的根系。在最开始的时候，它虽然看上去默默无闻，但其实一直都在壮大自己的根系，当 **5** 年的积蓄过后，它才爆发出惊人的成长速度。"

成长感悟

年轻时的林清玄怀揣着梦想，渴望成为一名作家，可是他的投稿却几乎都是石沉大海，没有回音。他对自己产生了怀疑。但是，毛竹成长的故事给了他启迪，让他明白，成功不是一朝一夕的事，而是需要积蓄力量，厚积薄发。

梦想不是轻易就能实现的。在追求梦想的道路上，有时你会觉得付出没有回报，但请你不要动摇，想想那棵毛竹，量的积累才会有质的飞跃，虽然一时生长缓慢，并不意味着白白付出，而只是在你看不见的地方积聚力量。总有一天，你也会像一棵拥有"魔法"的毛竹一样，迅速地成长起来，抵达梦想的彼岸。

听完杨教授的话后，年轻的林清玄深深地领悟了。从那一天后，他开始把毛竹作为自己的榜样。他静下心来，认真学习理论技巧，深入地观察生活，每天最少写**3000**字的文章，一天天积蓄着自己的力量。

几年后，他写出了自己的第一本书——《莲花开落》，随着年龄的增长，他把触角伸向了宗教哲学领域，他的散文因此韵味清新，意境悠远。他得遍了台湾所有文学大奖，成了一位著名的畅销书作家。

后来，当人们问起他的成长经验时，他总爱说："做一棵有魔法的毛竹。"

敢于为梦想付出

对于美国前"第一夫人"、第**67**任国务卿希拉里来说，她的人生是不断收获的人生，在她的人生中充满了辉煌的成就。但这些并非凭空而来，翻开希拉里的简历，你会发现，希拉里的成功源于敢于为梦想付出。

希拉里出生在芝加哥伊利诺伊州一个富商家庭。在那里，她完全可以过着幸福快乐的大学生活，但希拉里认为那是一种随波逐流的人生，并不是符合她梦想的人生。为了实现自己的人生梦想，希拉里远离家乡，毅然考入美国东部的一所名校——威尔斯里女子大学。

进入威尔斯里女子大学之后，希拉里本来可以顺从现代社会的规则，在教授的关怀之下过着中规中矩、舒适坦然的大学生活。但她认为一个胸怀梦想的女人绝不能那样生活，那样只会让她的梦想在安逸的生活中懈怠甚至消失。

于是，希拉里主动放弃了安逸的生活，她向落后于时代的规则挑战，开展了废除和修改各种陈规陋习的活动。从此，她就与校方之间经常进行着令她备感吃力的"拔河"比赛。

在耶鲁法学院求学时，希拉里经常为争取贫困家庭儿童的合法权益而奔波，这需要花费她很多的个人时间和精力；从耶鲁毕业之后，她又放弃了可以在大城市获得优厚薪水的律师职业，选择了不足全美国百分之一人口的阿肯色州的律师职务。

当然，在阿肯色州，希拉里也可以过着豪华的州长夫人生活，但她却为无偿法律咨询处、儿童保护基金、以 **10** 岁以上儿童为对象的州立学校、面向贫民的无偿律师组织委员会等团体的工作不懈地努力。

可以这样说，希拉里的人生态度，一直到她成为第一夫人以及当选为参议院议员以后都没有丝毫改变。她为了实现自己的梦想，不断地努力着、奔波着。有人说，为了实现梦想，希拉里付出了全部人生的代价。

成长感悟

一个为了梦想不断放弃的女人是让人尊重的。希拉里为了实现自己的梦想，放弃了安逸而舒适的生活，终日奔波在人生的征途中，是值得我们学习的榜样。

实现梦想之路并不会一帆风顺，在困难和挫折面前，有些人放弃了梦想，有些人则细心培育、维护，直到它安然度过困境，迎来光明和希望，而光明和希望总是降临在那些真心相信梦想一定会成真的人身上。

Chapter

02

10~18岁，想清楚，你想成为谁？

10~18岁，是风华正茂的年纪，是梦想成长的时期。你在为谁读书？你想成为谁？这是你的理想，也是你的奋斗目标。

人是自己观念的产物，你是什么样的人，首先在于你想成为什么样的人。立志方可安心，非凡的理想会激发你拥有非凡的勇气。

年轻就是资本，你可以对未来拥有无限的期待和向往。想一想，你想成为谁？要知道，心有多大，舞台就有多大！

什么样的心态成就什么样的人生

一位建筑商人去工地视察，他看到三个工人在砌墙。建筑商人问其中一个工人："师傅，你在做什么呢?"

这个工人很忙碌，没好气地对建筑商人说："我在砌墙，难道你没有看见吗!"

这位著名的建筑商人尴尬地笑了笑，转身又去问第二个工人："请问，你在做什么?"

这个工人笑呵呵地告诉他："我在建一座高楼。"

商人听了，很欣慰地对这个工人说："好好干，不久后，高楼就会在你的手中建起。"

这位商人又走到第三个工人面前，这是一位 **20** 岁左右的年轻人，商人问道："小伙子，请问你在做什么?"

年轻工人擦了擦额头的汗水，很愉快地说："我在建造一座美丽的城市。"

听了这个年轻人的回答，建筑商人拍拍他的肩膀说："小伙子，以后你跟着我吧，我们一起去建造那些美丽的城市。"

很多年过去了，当年的那个年轻工人成了一位大建筑商人，很多美丽的城市中，都留下了他的心血和汗水。

而第二个工人最后成了一名建筑设计师，他设计了很多高大漂亮的楼房。

但是，第一个工人却当了一辈子的砌墙工人，一直都过着贫困而默默无闻的生活。

成长感悟

很多时候，你想成为什么样的人，取决于你拥有什么样的心态。在这个故事中，三个工人做着同样的工作，可是他们的回答却截然不同。第一个工人只是认为他在砌墙，所以他注定一生只是个砌墙工人，而后两者在平凡中看到了闪光的东西，因此他们的人生最后也变得更加灿烂。所以，不同的心态可导致完全不同的人生。

面对看似简单重复、枯燥乏味的工作和生活，有人却能以快乐的心情面对。在平凡中感知不平凡，在简单中构筑自己的梦想。只有这样的人才会勇往直前，永不退缩，取得成功。

自己是命运的主宰者

一天，上帝悄然来到人间，当他经过一间简陋但设计比较特别的房子时，看到一个智者正在房子里研究人生的问题。

看到这里，上帝来了兴趣。然后，他上前敲了敲门，走了进去。看智者依然在为人生的问题而思索着，上帝微笑着走到智者面前，说："我也正在为人生而感到困惑呢，让我们一起来探讨吧！"

智者高兴地答应了，说："我越是研究，就越觉得人是一种奇怪的动物。人有时候非常理智，而有时候却又极其不理智，甚至人总是在那些大的方面失去理智。"

上帝颇为赞同，也大发感叹说："是啊，我也有同感。人有时看起来非常渴望自由，可是当他们有了自由以后，又不能好好地珍惜；他们有时有了健康却不知道把握，当健康失去以后，却又要花费大量的财富来换取健康；他们总是对未来充满忧虑，但却总是忽略现在，结果不能在现在好好生活，也没有创造美好的未来……"

智者静静地听着上帝的话，他认为自己已经很有智慧了，没想到眼前的这个人更是了不起，他甚至感觉，这个人的智慧简直和上帝不相上下。

于是，智者让上帝为自己的人生提出一些忠告，上帝拿起笔写了简单的两行字：只有自己才能把握自己的人生，只有自己才能主宰自己的命运！

成长感悟

上帝是公平的，因为他赋予了每个人一个平等的权利：自己把握自己的人生。可惜有些人并没有意识到这一点，他们总把希望寄托在别人身上，总把命运交到别人的手里。

对于青春期孩子来说，要想在未来充满竞争的社会中占据一席之地，需要学会把握自己的人生，让自己主宰自己的命运。

你要有自己的目标

在一个小镇里，有一对年轻的夫妻，他们有两个孩子。大儿子今年 6 岁，小女儿 4 岁。一天，夫妻两人领养了一只小狗，为此他们还专门聘请了一位驯兽师训练这只小狗。在第一次开始训练时，驯兽师问这对年轻的夫妻："训练小狗的目标是什么？"夫妻两人互相对望着，感到很迷惑。他们实在想不出，作为一只狗，还能有什么特别的目标？

驯兽师看两人不以为然，很严肃地摇了摇头，说："训练每只小狗都得有一个目标，否则我根本没办法训练它。你想要它看门，还是为了和孩子们一起玩耍，或者只是想把它作为你们的宠物？这是我必须要知道的，当然这就是小狗的目标。"

在驯兽师的精心引导下，这只有目标的小狗被成功地训练成了孩子们的好朋友，它可爱的举止、忠诚的品性以及敏锐的洞察力，使得它成为这个家庭中不可缺少的重要成员。当然，更为重要的是，在每天对驯兽师的观察中，这对夫妻还学会了如何教育自己的孩子：首先为孩子树立目标。

多年以后，这对夫妻教育女儿的成果没有令他们失望：大儿子当上了州长，女儿成了某著名电视台的女主播。他们永远都记得驯兽师的那句话："一只小狗也要有自己的目标。"是的，小狗尚且如此，更何况是一个有思想的人呢？

成长感悟

原本一只普通的小狗，正是由于有了目标，才最终在驯兽师的引导下成为孩子们的好朋友。青少年的成长更是如此，如果连自己的目标都没有，都不知道自己将来想成为什么样的人，那人生的成功又从何谈起呢？

同时不要把别人的期待当成自己的目标，沿着自己的目标和方向努力，你的成就才会更大，你的人生才会更有意义。

夏威夷的阳光

罗尔斯是一位美国青年，大学毕业后，他开始为工作四处奔波，但过了很长一段时间，他还是没有找到合适的工作。

不久，朋友约罗尔斯去夏威夷旅行。为了排解一下烦闷的心情，罗尔斯同意了。沐浴在夏威夷海滩的阳光下，罗尔斯感到惬意极了，生活中的烦恼也暂时一扫而空。这时，一个现象引起了罗尔斯的注意，他发现很多在海滩上休闲的人在用手机聊天，但过不了多久他们就不得不跑回停车场。这是为什么呢？罗尔斯从人们的抱怨声中找到了答案。“该死的手机又没电了！”手机没电干扰了游客的心情，却引起了罗尔斯的思考。他想，如果有一种能在海滩上使用的充电器，那这个问题不就解决了吗？

这时，陷入思考中的罗尔斯突然看到了眼前这绚烂而强烈的阳光，一下子变得兴奋起来。罗尔斯一直都对太阳能非常痴迷，上大学的时候，他还曾经亲手制作过一辆太阳能自行车。夏威夷的阳光是取之不竭用之不尽的，罗尔斯大脑中的灵感源源不断地涌了出来。

说干就干，罗尔斯在网上购买了一款太阳能充电器，并把它安装在了旅行包上。当罗尔斯把装有太阳能充电器的旅行包放在一个旅行网站上出售后，马上吸引了很多购买者。**2005**年，罗尔斯创立了一家设计公司，大批销售自己设计的太阳能旅行包。仅仅过了半年，罗尔斯公司的产品就在世界各地的

成长感悟

阳光铺洒在地球上的每一个角落，我们每一个人都触手可及。但是，只有罗尔斯利用看似普通的阳光为自己获取了源源不断的财富。为什么罗尔斯会受到幸运女神的眷顾？因为他从未停止思索和创新。

夏威夷的耀眼阳光让罗尔斯灵感迸发：我要成为一名太阳能充电器的设计师！那么你想成为什么呢？用敏锐和创新的眼光去观察周围的事物，也许也可以让你的人生变得不同！

沙滩上占据了一席之地。罗尔斯再接再厉，又设计出一款能为笔记本电脑充电的背包，这种产品一经上市便被人们疯狂抢购，订单像雪片一样向罗尔斯的公司飞来。

谁也没有想到，一个刚毕业的普通大学生，在两年之后就成为一家大公司的老板。罗尔斯在接受一家电视台采访时说："从开始到现在，我一直都没做过什么，我只是把夏威夷的阳光加入了想象。"

永远不要空手而回

从前有一位老和尚，有一天，他嘱咐弟子们每人去南山砍一担柴回来。弟子们遵照师父的嘱托，纷纷向南山赶去。可是，当弟子们行至离山不远的河边时，人人都变得目瞪口呆。由于昨夜的一场大雨，现在洪水从山上奔泻而下，渡河打柴看来是不可能了。

没有办法，弟子们都垂头丧气地回到了寺庙中。当师父问话的时候，弟子们都面带惭愧，可是唯独一个小和尚神情坦然。师傅责问小和尚道："你没有完成为师交给的任务，难道不觉得羞愧吗?"这时，只见小和尚从怀中掏出一个苹果，递给师傅说："洪水太大过不了河，所以打不了柴，但是河边有棵苹果树，我就顺手把树上唯一的一个苹果摘来了。"

师傅听后，满意地点了点头。后来，这位小和尚成了师傅的衣钵传人。

成长感悟

小和尚遇见了一条过不了的河，但是有一种人生的智慧告诉他：要在河边做一件事情。他的做法得到了师父的肯定，他也最终成为了师父的衣钵传人。

青少年朋友，不管你将来想成为什么样的人，请记住一点：世界上有许多条可以走的路，但也有过不了的河。在向目标前进的时候，即使遇到意外，也应该试着让自己在这个过程中学习一些东西、完成一些事情，永远不要空手而回。

水软无骨，却能穿石

童第周是我国著名的生物学家，也是国际知名的科学家。他对科学目标的追求是坚定的，他的科研精神更是青少年学习的榜样。

童第周出生于浙江宁波，父亲是一个私塾先生。童第周从小就跟着父亲边读书边劳动。小时候，童第周从父亲那儿了解了古人刻苦读书的故事，懂得了学海无涯、持之以恒的道理。“水滴石穿”，这是父亲对童第周的勉励，而事实上，童第周也在身体力行地实践着这种精神，他抓住每一分钟、每一秒钟，以顽强的毅力向着科学的顶峰攀登。

由于家境的贫困，童第周对知识的渴求也仅仅是一种期盼。直到17岁那年，在家人的帮助下，他才进入了宁波师范预科班，开始接触新的科学知识。

在这里，童第周为自己确立了更高的目标——进入宁波第一流的效实中学，因为从这儿毕业的学生一般都能进入大学，很多达官贵人的子弟，都以进入这个教学一流的中学学习为荣。

由于效实中学对英语要求比较高，并且还十分重视数理基础，而这几门课又恰恰是童第周的薄弱环节。对童第周更不利的是，他从来都没有学过英语。

自从确立了要考效实中学的目标后，童第周的学习劲头更足了，也更加用功了。他开始学习英语，从最基本的字母和单词开始，常常学习到深夜。

哥哥被童第周的决心和劲头感动了，答应供童第周上学，还请了宁波的朋友为童第周打听效实中学的招生情况。

然而，不幸的消息传来了，效实中学当时不招一年级新生，只招三年级插班的优等生。听到消息，童第周的哥哥很犯愁，他想：就弟弟的基础来说，本来考一年级就已经很费劲了，可是学校要的又是三年级的优等生。看起来童第周想去效实中学是不可能了。

哥哥把情况告诉了童第周，然而，志向已定的他并没有改变初衷，他坚决地告诉哥哥，他一定要进效实中学。于是，他决定去考插班生。

靠着“水滴石穿”的精神，童第周终于考取了效实中学三年级的插班生，只不过成绩是倒数第一。进入效实中学以后，面对更多的强手，童第周并没有畏惧，他依然继续努力。一年以后，童第周从最后一名一跃成为年级第一，而他的几何成绩从入学时的不及格变为一年后的 **100** 分！

后来，童第周以优异的成绩考取了上海的复旦大学，并成为复旦大学的高材生。大学毕业以后，童第周又公费去比利时布鲁塞尔的比京大学进修，后于 **1934** 年获博士学位，那年他才 **32** 岁。

成长感悟

“水软无骨，却穿透了硬石”，这个古老的寓言告诉我们，只要立下目标并且坚持不懈地去奋斗，理想就一定能实现。童第周怀揣着登上科学巅峰的目标，以“水滴石穿”的精神，最终取得了学业的成功。

对于青少年来说，未来的一切都掌握在自己手中。因此，一定要确立自己的目标，树立自己的理想，时刻提醒自己将来想要成为一个什么样的人，只有这样，才能明确自己的人生方向在哪里，并为之奋斗。

我要去非洲探险！

1934 年，珍·古道尔出生于伦敦。在她还是孩子的时候，妈妈就开始培养她对大自然的热爱。她对动物产生了浓厚的兴趣，从一本动物故事书中，珍·古道尔了解到非洲的哺乳动物种类最丰富。于是，去非洲研究各种神

成长感悟

旅费的拮据没有让古道尔退缩，茫茫林海的孤独和危险也没把古道尔吓倒。相反，所有的困难对古道尔来说都不值一提，因为在内心深处，她明白自己究竟想要什么，她也知道自己的目标在哪里。

在通往成功的道路上，困难和阻碍是不可避免的，选择逃避的人，无疑是懦夫。每一个生活的强者，都应该坚定不移、从容不迫地沿着既定的目标走完自己的路。只要你永不放弃，成功一定会属于你。

奇的动物成了珍·古道尔的梦想，她在心中暗暗立下目标："将来一定要去非洲探险！"

中学毕业后，珍·古道尔决定从事黑猩猩的研究，实现她小时候的梦想。可是，由于没有钱，她不得不去当女招待和女秘书，甚至还干过电影制片助理等工作，为的就是积攒去非洲的旅费。

珍·古道尔一边工作积攒旅费，一边到大英博物馆阅读大量关于黑猩猩，以及有关动物行为学的书籍和文献，同时补充自己的地理知识。

1957 年，当珍·古道尔攒足旅费之后，就立即启程去了非洲的肯尼亚。到了那里，珍·古道尔遇到了当时著名的猿人类考古学家路易斯·里基，并向他申请加入他们的探险工作。

探险是件十分艰苦的事。在那里，有时凶狠的公狒狒会来袭击营帐，抢夺他们仅有的食物——罐头食品。在那茫茫林海里，有的只是寂寞、孤独、险情，整天与动物为伍，同森林做伴，忍受整天奔波、水土不服、缺医少药的痛苦。甚至，当地的土著人还告诉她，有人曾在爬一棵油棕树时，被一只雄猩猩从树顶赶下来撕破了脸挖去了一只眼睛。

刚开始，大家都认为珍·古道尔的研究一定会半途而废，没想到珍·古道尔不仅坚持到底，而且取得了惊人的发现。她在坦葛尼喀湖的一项野外研究显示，黑猩猩能够选择和加工工具，用以从蚁巢中钓取蚂蚁，这一发现打破了长久以来"只有人类才会制造工具"的观点，为人类学和动物行为学的研究提供了全新的观点。

由于古道尔在这一领域的发现，**5** 年后，即 **1965** 年，珍·古道尔对黑猩猩群体生态学的观察和研究成果使她获得了英国剑桥大学的博士学位，她还被邀请长期在英国剑桥大学从事研究工作，同时，美国斯坦福大学也聘请她作为副教授讲学。

珍视自我

寺院里收留了一个被丢弃的小男孩，他常常为自己的出身而自卑。一次，小男孩很悲观地问师傅："像我这种被丢弃的孩子，活着还有什么意思呢？"

师傅微笑着没有说话，交给男孩一块石头，说道："明天早上，你拿着这块石头去市场上卖，但不是真卖。记住，无论别人给你多少钱，绝对不能卖。"

男孩一脸疑惑，接下了这块石头。

第二天一早，小男孩就很不自在地蹲在市场的一个角落里叫卖石头。出人意料的是，竟然有许多人要买他那块普通的石头，而且一个比一个出价要高。

男孩谨记师傅的话，无论多少钱都不卖那块石头。回到寺院里，小男孩很兴奋地向师傅汇报。师傅笑了笑，告诉小男孩明天拿着这块石头去黄金市场叫卖。

刚到黄金市场，小男孩就被买家包围了，竟然有人出比昨天高出几十倍的价钱要买那块石头。但是，这些都被小男孩拒绝了。

第三天，师傅让他还拿着那块石头去宝石市场展示。结果，石头的价格比黄金市场又高了几十倍。由于男孩怎么也不卖，这块普通的石头被当地人传扬为"稀世珍宝"。

后来，各地寻宝的大商人、收藏家、大富豪，还有那

成长感悟

一块普通的石头还会因人们的珍惜而变得价值连城，就更不用说我们宝贵的人生了。每一个人都有自己的尊严和价值，如果连自己都不尊重自己，那就别指望别人的尊重了。

作为青少年，也许你的能力是有限的，但不要妄自菲薄，只有首先珍惜自己，看重自己，才会得到更多人的珍惜和重视。生命才会有价值、有意义。

些参观者都纷纷拜访寺院，希望能一睹宝物。

男孩兴奋地捧着石头，很开心地将这一切禀告给师傅。师傅亲切地望着男孩，微笑道："生命的价值就像这块石头一样，即使是一块不起眼的石块，会因为你的惜售而提升它的价值，被人们传称为稀世珍宝，为更多的人所追捧。你也会像这块石头，只要你珍惜自己，看重自己，生命就有意义，有价值。"

脱群而出的小角马

在神秘的非洲大陆，每年夏天都有上百万只角马从干旱的塞伦盖蒂迁徙到水草丰茂的马赛马拉。

在这场艰苦的长途跋涉中，有一条蜿蜒曲折的格鲁美地河，它与迁徙的路线一起交叉延伸。对于角马们来说，格鲁美地河既是生命的希望，又是死亡的象征。这条大河不但滋养了周围的灌木、大树以及两岸的青草，也是角马们饮水的唯一水源。但是与此同时，在格鲁美地河中又隐藏了很多鳄鱼，一旦角马前来饮水，它们就会伺机而动，捕获一顿丰盛的美餐。

这天，角马们来到一处适于饮水的河边。对于河中潜藏的危险，角马们当然是了如指掌。领头的角马磨磨蹭蹭地走向河岸，身后的角马也都显得踌躇不决，它们总是走几步，嗅一嗅，然后嘶鸣一声，接着又退回来，这样进进退退就像在跳一种奇怪的舞蹈一样。跟在后面的角马群闻到了水的气息，干渴驱使着它们向前拥，最后把"头马"们挤进了河水中。但是，"头马"又赶快从水中退出来，角马群又不由地向后退。由于角马群已经很长时间没有饮水，干渴已经让它们的眼神中充满烦躁，但是“舞蹈”仍在继续着。

终于，有一只小角马脱群而出，它撒着欢儿跳进河水中痛饮起来。有些角马忍受不住干渴，也陆续跳入水中。而就在这时，隐藏在水下的鳄鱼开始行动了，它们张开血盆大口向角马们冲去。角马群马上骚乱起来，它们全都没命般地跑到了岸上。受了惊的角马们再也不敢接近河岸，只能再次踏上了迁徙的漫漫征程。在它们当中，只有小角马和另外少数角马们充分地饮用了水源，而其他角马只能继续忍受干渴，有的甚至由于体内极度缺水而倒在了迁徙的路上。

那些因干渴而倒下的角马，它们宁愿怀着恐惧痛苦地嘶鸣，也不肯向目标前进一步。等待它们的，只有死亡。

成长感悟

因为懦弱和犹豫不决，很多角马为此付出了忍受干渴甚至死亡的代价。

在生活中，机会和危险往往是同时出现的，想要抓住机会，就一定要冒一定的风险。在实际生活中，不管你拥有什么样的理想，你想成为什么样的人，都要顶住压力和风险，在机会来临的时候，勇敢地去把握。

小老鼠与高塔

从前有一群小老鼠，它们安排了一场有趣的赛跑比赛，目标是登上一座高塔的塔顶。观众们都围聚在高塔下观看比赛，并为参赛选手鼓掌喝彩。

裁判一声哨响后，比赛开始了。说实话，老鼠家族的观众们几乎都不相信有谁可以到达塔顶，它们叽叽喳喳地讨论开了：

“哎呀，这道路简直太难走了！”

“我看它们谁也不会达到塔顶。”

成长感悟

这是一个奇妙而寓意深刻的故事。为什么会是那只耳聋的小老鼠获胜？因为它没有被别人的意见所左右，而是一直朝着自己的目标在努力！

我们每个人都有自己的目标和理想，在向理想迈进的过程中，一定要坚定自己的信念，不要轻易地动摇，也不要过多地被别人所干扰。因为你想成为什么，只有你自己心里最清楚！

"这简直是不可能的，塔实在是太高了！"

参赛的小老鼠们听到观众的议论渐渐地有点动摇了，有的甚至决定退出比赛。

比赛开始后，很多的小老鼠因为体力不支而退出了比赛。

到了最后，只剩下一只小老鼠还在气喘吁吁地继续攀爬，只有它还没有放弃！经过了巨大的努力之后，最后的那只小老鼠终于成功抵达了塔顶，冠军产生了！

老鼠家族的成员们都很好奇：为什么这只小老鼠可以坚持到最后，究竟是什么力量支撑着它最终达到了自己的目标？

答案是如此的出乎意料，原来，那位胜利者是一位聋子。

大教堂里的碑文

在英国伦敦的泰晤士河畔，有一座非常古老的建筑物——威斯敏斯特教堂。在这座古老的教堂里，不但长眠着亨利三世、乔治二世等20多位国王，而且还憩息着牛顿、达尔文、狄更斯、哈代、吉卜林等科学巨人与文学大师。

但是，除了这些王公贵族和声名显赫的人物外，在教堂的角落里还树立着一块石碑，石碑上的一段铭文广为流传：

"我年轻的时候充满想象力，曾经梦想改变整个世界；长大以后，我发现自己并不能改变世界，于是我的梦想变小了，我决定只改变我的国家；可是，当我老了以后，我发现连改变国家都做不到，于是我梦想改变自己的家庭；然而现在看来，这个小小的梦想也难以实现。

我躺在病床上，意识到生命即将走到尽头，这时我才突然明白：如果一开始，我竭尽全力去改变自己，那么也许我会有能力改变我的家庭；在家庭的和睦与温馨中，我也许还可以为我的祖国做一些事情；最后，说不定我真的可以做一些惊天动地的事情，也许那时我真的会改变世界。”

几乎每一个参观威斯敏斯特教堂的人，都会在这段铭文前沉默良久。确实，在这个世界上，大部分人都注定平凡，如果你暂时不能有所作为，那么可以从点滴开始，先做一些很小的事情——从现在开始，从平凡开始。

成长感悟

威斯敏斯特教堂里短短的几行碑文，告诉了我们一个深刻的人生道理：不论做任何事情，都要从自己做起，从小事做起。

树立目标，实现理想，是每个人的生活追求。但是应注意的是：你的目标和理想一定要符合实际，绝不能好高骛远、漫无边际。因为一个人需要从小事做起，才能够做大事；从平凡人做起，才可能成为伟大的人；先改变你自己，你才有可能改变整个世界。

渴望飞翔

100 多年前，有两个小男孩，他们的爸爸是一位穷苦的牧羊人。

有一天，牧羊人带着自己的两个儿子去放羊，一群大雁翩翩飞过，鸣叫着从他们的头顶飞向远方。

牧羊人的大儿子问爸爸：“大雁要往哪里飞呢？”牧羊人说：“寒冷的冬天要来了，它们要飞往温暖的南方。”小儿子忽闪着大眼睛注视着大雁轻盈的身姿，羡慕地说：“要是我们也能在天空中飞翔，那该多好啊！”大儿子也跟着说：“我真希望自己是一只飞翔的大雁啊！”

牧羊人拍拍儿子们的小肩膀，慈祥地说：“只要你们想，你们就一定也可以飞起来。”

两个儿子张开双臂试了试，可是还是只能呆在长满青草的山坡上。牧羊人看着儿子们沮丧的小脸，微笑着说：“让我飞给你们看。”于是他也张开双臂，学着大雁的样子，但是也没能飞起来。

“爸爸，你也飞不起来。”两个小男孩冲着爸爸撇了撇嘴。

可是，牧羊人十分坚定地说：“我是因为年纪大了，所以飞不起来了。但是你们可以，你们还小，经过自己的努力，你们一定可以像大雁一样飞翔的。”

两个小男孩牢牢记住了爸爸的话，也从没有放弃对天空的向往，对飞翔的渴望。几十年过去了，当哥哥36岁、弟弟32岁的时候，他们真的飞起来了——他们发明了人类历史上的第一架飞机。

没错，牧羊人的这两个儿子，就是美国著名的飞机发明者——莱特兄弟。

成长感悟

莱特兄弟从没有放弃对蓝天的渴望，童年那群飞过头顶的大雁一直指引着他们前进的方向。梦想让他们坚持不懈，而最终，他们不但实现了自己的理想，也帮助人类插上了飞翔的翅膀。

梦想是一支火把，它可以燃起一个人的激情，激发一个人的潜能。有了梦想，还要付诸行动，有志者事竟成，总有一天，你也会“展翅飞翔”！

Chapter

03

立刻行动！行动！行动！
——绝不拖延

想法很重要，但它只有在被执行后才有价值。一个被付诸行动的普通想法，要比所有“改天再说”或“等待好时机”的好想法更有意义。如果你有了好的想法，那就赶快为它做点什么吧，没有行动，所有的想法都只是空想！

所以，行动就是力量，行动就是胜利，行动就是你实现梦想的桥梁！如果想实现自己的梦想，你需要立即行动，这才是实现梦想最正确、最有效的途径！

你为什么没有成佛

在一个深山里，有一座古老的寺庙，寺庙里住着师徒两人。

一天，小和尚突然想到一个问题，于是就去问师傅：

“师傅，有一件事情我不明白：佛堂里，千百年来点化了那么多高僧，并且也保佑了芸芸众生，可是，佛龛前面那只木鱼，也曾听过很多的经书和佛号，为什么它依然还是一只小小的木鱼，而没有成佛呢？”

师傅听了微微一笑，问小和尚：“你已经来这两年多了，你可懂念经？”

小和尚回答说：“我当然懂了。”

师傅于是又问：“那你懂不懂礼佛？”

小和尚又很自信地回答说：“师傅，您教过我的，我当然懂了。”

师傅再一次问道：“那你懂不懂修持？”

小和尚依然答道：“师傅，我懂。”

师傅听了小和尚的话，最后又笑了：“你看，这些东西你都懂，那你成佛了没有呢？”

小和尚一听，惭愧地低下了头：“师傅，还没有。”

师傅最后说：“木鱼虽然每天聆听佛法，但它毕竟只是只木鱼，并不能将这些佛法付诸行动，因此它终不能成佛。你应牢记，如果只是说而不去行动，是永远也不可能成佛的。”

成长感悟

生活中，很多人总会说“我要做”，而他们很少去做，就像故事中的小和尚，佛不是整天念出来的，而应该潜心修习与实践。正如人们所说：“会说而不会做的人是不会成就大事业的。”

没有做不好的事，只有不肯行动的人。比尔·盖茨曾说：“行动也许不一定能带来令人满意的结果，但如果不行动就绝无满意的结果可言。”

梦想要从行动开始

从前，有一个叫菲勒的年轻人，他非常懒惰，什么也不愿干，只是每天都去教堂祈祷，而且祷告词每次都一样。

第一天到教堂时，菲勒跪在圣殿前，语气虔诚地祈祷道："上帝啊，请您眷顾一下可怜的我吧，我已经很穷了，请您让我中一次彩票吧。"

第二天来到教堂，菲勒还是如此。

很多天以后，菲勒垂头丧气地来到教堂，还是像以前一样跪下来祈祷："上帝啊，我对您的信仰是如此虔诚，我每天都来向您祈祷，可是您为什么不给我一次中奖的机会呢？求您可怜可怜我吧。"

……

就这样，很多年过去了，菲勒还是一如既往地到教堂做着同样的祈祷，可是他的生活还是一团糟。

菲勒有些绝望了，这一次，他又来到了教堂，跪在上帝面前说："上帝啊，这是我最后一次向您祈祷了，我祈祷了这么多年，难道我不够虔诚吗？您为什么就不能让我中一次彩票呢？"

这时，教堂突然发出庄严而飘渺的声音："菲勒，我一直在听你的祷告，可是，最起码，你也该先去买一张彩票吧！"

成长感悟

故事中的年轻人是如此的懒惰，他渴望财富与成功，却仅仅把希望寄托在一张荒诞的彩票上。不仅如此，他甚至都没有去买彩票，那中奖又从何谈起呢？这样的人，只是整天在做白日梦，连上帝也帮不了他。

千里之行，始于足下。如果没有行动，就永远不会获得成功。天上不会掉馅饼，成功永远孕育在行动中。不管梦想是大是小，目标是高是低，从现在开始，积极行动起来，你就会离成功越来越近。

行动起来，搬走心中的那块顽石

一户农民的菜园中摆着一块大石头。有一天，儿子问爸爸："爸爸，那块石头很碍事，而且一点用也没有，我们为什么不把它搬走呢？"

爸爸说："孩子，你爷爷在世的时候，那块石头就在那里了，它那么大，我们怎么搬得动呢，还是不要管它了。"

几年过后，儿子长大了，娶了媳妇，也有了自己的孩子。有一天，儿媳妇有些不满地对老公公说："爸爸，菜园那块大石头太碍事了，昨晚我被它绊了一下，脚都磕破了，我们想想办法，把它搬走吧。"

可是，老公公还是回答说："还是算了吧！那块石头非常重，如果能搬动的话，恐怕早就搬走了，我们还是不要管它吧。"

听了公公的话，儿媳妇摇了摇头。第二天一大早，儿媳妇便把一大桶水倒在大石头的周围，然后拿起锄头挖起泥土来。没想到只过了十几分钟，大石头就开始松动了。

儿媳妇本来想，这么大的石头，可能要挖一天吧，哪知道不一会儿石头就松动了。儿媳妇接着干下去，结果不到两个小时，那块蒙蔽了几代人的石头就被挖出来搬走了。

成长感悟

儿媳妇没有被大石头的外表所欺骗，她亲自动手去行动，结果几代人没有去挖的大石头，不到两个小时就被清理掉了。那块顽石之所以看起来那么大，是因为它蒙蔽了人们的思想。

所以，阻碍我们去发现、去创造的，往往是我们自己心理上的障碍，所以，不要被眼前的困难所吓倒，也许困难只是一只纸老虎而已。行动起来，其实困难并没有想象中那么大！

派蒂，向前跑！

派蒂·威尔森是一个不幸的孩子，在很小的时候，她就被诊断出患有癫痫病。派蒂的父亲每天都会进行晨

成长感悟

疾病并没有吓倒派蒂，相反，她满怀热情地迈开自己的双腿，为自己的梦想付出行动。和派蒂比起来，身心健康的我们，是不是更应该鼓足勇气、为理想而奋斗？

生活不可能一帆风顺，当遭遇挫折、面临困境的时候，不要退缩和逃避，拿出你的勇气，用切实的行动去迎接挑战！要知道，行动永远是成功的第一步！

跑，一天早上，当父亲又准备去跑步时，小派蒂兴致勃勃地对父亲说："爸爸，我也想和你一起去跑步，可是我担心跑步的时候我的病情会发作。"

父亲拍拍派蒂的肩膀，鼓励她说："孩子别怕，我就在你身边，我会一直帮助你的，如果你愿意，我们明天就开始吧。"

第二天，派蒂便和父亲一起开始了晨跑锻炼，这简直成了她一天之中最快乐的时光，由于心情愉快，派蒂的病情从来没有在跑步时发作过。有一天，在和父亲一起跑步的时候，派蒂洋溢着健康的微笑说："爸爸，我有一个愿望，我想打破女子长距离跑步的世界纪录。"

"孩子，只要你想，那就努力去做吧！"爸爸的话让派蒂充满了信心。

于是，当时正在读高一的派蒂暗下决心，一定要实现自己的这个梦想。虽然癫痫有时还会困扰派蒂的日常生活，但她还是决定马上行动。

就这样，派蒂穿着一件印有"我爱癫痫"字样的衬衫出发了。在父母的陪同下，派蒂从自己的家乡一路跑到了旧金山。派蒂的长跑计划感动了身边的很多人，她的同学都成了她坚定的支持者，大家为派蒂绘制了许多精美的海报，海报上写着："派蒂，向前跑！"

在派蒂向波特兰前进的途中，她一不小心扭伤了自己的脚踝。脚踝瞬间肿得老高，但派蒂还是咬紧牙关，坚持跑了下去。当坚强的派蒂跑到波特兰后，一面写着红字的横幅早就在终点等待着她："勇敢的长跑女将派蒂·威尔森，今天是你**17**岁生日，你缔造了辉煌的纪录，你是所有人的榜样。"

派蒂的坚强和勇气打动了很多人，她甚至得到了总统的接见。当总统亲切地问派蒂是什么力量支撑着她跑完一段又一段漫长的道路时，她这样对总统说："我想让其他人知道，癫痫患者也和别人一样，也能像别人一样恣意奔跑。"

得过且过的寒号鸟

传说从前有一种叫做寒号鸟的小鸟，寒号鸟和普通的鸟类不同，虽然它也有一双翅膀，但它不会像别的鸟类那样飞行。

夏天的时候，寒号鸟全身长满了美丽的羽毛，样子看起来漂亮极了。寒号鸟非常骄傲，它觉得自己是最美丽的鸟，连凤凰也比不上。寒号鸟每天无所事事，总是晃着自己的羽毛到处招摇，嘴里还不停地唱着自编的歌曲："天底下我最漂亮，天底下我最漂亮！"

秋天来临后，天气变得冷了起来，其他的小鸟们都开始忙碌开了，它们有的向南方飞去，准备在那里度过温暖的冬天；有的决定留下来，每天辛勤忙碌，筑巢储食，准备过冬。只有寒号鸟整天无所事事，它不会飞翔，不能飞往温暖的南方，可是它又非常懒惰，每天除了吃饭睡觉外什么都不干。

一场大雪过后，冬天真的来临了。小鸟们都躲进了自己温暖的巢中，而此时的寒号鸟，羽毛都脱落了，每天只能躲在石头缝里打哆嗦："天气真冷啊，明天我一定要筑个温暖的巢！"可是等到天亮后，太阳出来了，温暖的阳光让寒号鸟忘记了夜晚的寒冷，于是它又不停

成长感悟

寒号鸟整天叫嚷着要筑巢过冬，可是太阳一出来，温暖的阳光就让它忘记了自己说的话，它从没有付出自己的行动，而是想着"得过且过"。最后，它只落得个被冻死的下场。

青少年朋友们，如果你想改变自己的命运，那么就一定要立即行动，而不能像寒号鸟那样空喊口号。如果只想不做，那么再好的想法也会付诸东流，那些曾经美妙的想法最后将在光阴的年轮中搁浅。

地唱道："阳光很温暖，阳光很温暖！得过且过，得过且过！"

寒号鸟就这样一天一天地混日子，它的巢一直也没筑起来。最后，它没能熬过寒冷的冬天，终于冻死在岩石缝里了。

抱怨，不如行动

这是深山中的一座寺庙，寺庙里有一条很奇怪的寺规：每一个新来的和尚在寺里住过第一晚后，都要对方丈说出心中最想说的两个字。

第一个新来的和尚住过一晚后，老方丈双手合十，微笑地问他："你最想说什么？"

这个和尚摇摇头说："食劣。"

第二个和尚来后，方丈又问："住了第一晚后，你现在最想说什么？"

第二个和尚也摇摇回答："床硬。"

寺庙里又来了第三个和尚，在住了第一晚后，还没等方丈问话，这个和尚就留下"告辞"两字，皱着眉头离去了。

方丈无奈地叹了口气，说："心中有魔，又怎成正果？"

方丈身边的一个小和尚问："师傅，何为心魔？"

方丈再一次双手合十："阿弥陀佛，所谓心魔，就是心中充满抱怨。牢骚满腹只知抱怨的人，即使在这里修炼千年，也是不会有所成就的。"

成长感悟

抱怨不能改变你的命运，只能使你更加颓废；抱怨不能让你躲过任何的灾难，只能繁衍过去的不幸，加重你的不满情绪。如果总是抱怨，便会觉得生活一片黑暗，从而让自己的行动变得犹疑和迟缓。

请不要带着抱怨的情绪来面对生活，即使生活给予你的是艰难与困苦。古人曰："与其临渊羡鱼，不如退而结网。"请放下那些愚蠢的抱怨，立即行动吧，去耕耘好自己的一方田地。

苏格拉底的捕鱼方法

一天，古希腊伟大的哲学家苏格拉底正在和他的学生讨论，看谁有诀窍不用钓具也能够把水池里的鱼全部捉住。

有的学生说："只要往水池里丢石头，把里面的鱼惊吓到水池边，就有办法捉它们了。"

于是，他马上从水池边捡来许多石子，开始了自己的捕鱼计划。但是令人可惜的是，水中的鱼很难被石子击中，他自己反倒因为反复多次的投击而累得直喘粗气，最后只好无奈地放弃了。

更多的学生认为，只要自己跳进水池中，把鱼一条条地抓上来就可以了。

说完就做，半数以上的学生都跳入了水池，忙碌地去抓池中的小鱼。可是，由于水池里的水比较深，再加上鱼全身滑腻，游速很快，学生们最终一条鱼也没有抓到。

这时，苏格拉底不慌不忙地从兜里掏出一把小汤勺，把池中的水一勺一勺地舀到旁边的水沟里。学生们一片惊骇，他们都不解地问："老师，您这要等到什么时候才能抓到小鱼啊？"

睿智的哲学家微笑着说："这个方法虽然慢了些，但是，只要我不断地努力，鱼池里的鱼最终会被我全部捉住的。"此时，苏格拉底的脸上充满着自信，更有一种胜券在握的神态。

成长感悟

不积跬步，无以至千里；不积小流，无以成江海。苏格拉底的捕鱼方法告诉我们，做任何一件事情，只要确立方向并坚持不懈地为之努力，就一定能得到想要的结果。

成功凝聚着一个人的行动力。一个人只有一心一意地朝着确定的目标奋斗，方可有所成就。正如苏格拉底所说的那样："如果你想去奥林匹斯山，只要确定每一步都是朝着那个方向就可以了。"

把60条马路当成5条

25岁的普洛斯因失业而面临着饥饿。很久以前，在君士坦丁堡、巴黎、罗马，他也曾尝过这种贫穷和挨饿的滋味。然而，在纽约城，在这个处处充溢着富贵气息的国际大都会，他觉得此时的失业是一种耻辱。

普洛斯不知道以后该怎么办，因为他觉得自己能够胜任的工作很有限。他曾经做过记者，也写过文章，但他却不会用英文写文章。他白天在马路上东奔西走，并不是为了锻炼身体，而只是因为这是躲避房东的最好办法。

一天中午，普洛斯在42号街遇到一位金发碧眼的高个子男人。普洛斯很快认出了他是俄国有名的歌唱家沙利宾先生。他很小的时候就非常喜欢沙利宾先生的演唱，在巴黎当新闻记者时，他还曾采访过这位名人。

如今在纽约的街头，普洛斯明白此时自己落魄的样子，心想，沙利宾先生是不会认识自己的。然而，恰恰相反，沙利宾先生竟然很清楚地记得普洛斯的名字。

“普洛斯先生，现在很忙吧？”沙利宾先生问道。普洛斯含糊地回答了他。普洛斯知道，一个在社会上打滚已久的老艺术家，只需一眼，就能明白他此时的境况。

“我住在第103号街，百老汇路拐角，陪我一同走过去，好吗？”沙利宾很客气地询问。

“可是，沙利宾先生，还有60条马路要走，路还很远呢？”普洛斯很惊讶地问道。走过去？现在已是中午，普洛斯想，我已经整整走了将近**5**个小时的路程了。

“谁说的？”沙利宾先生毫不含糊地说，“只有**5**条马路要走。”

“**5**条马路？”“是的，我并没有说到我的住处，而是到第**46**号街的一家射击游艺场。我想看看那儿的热闹程度。”

于是，两人相伴走走停停，而沙利宾先生也说出了走到这些地方的理由。再后来，走过了**11**条马路，接着又走了**5**条马路，随后又走了**12**条马路，后来走到了沙利宾先生的旅馆。

每走过一段路途，沙利宾先生总会有他自己的理由。普洛斯走了许多路，原本该筋疲力尽的，可是奇怪得很，他非但没感到累，还觉得自己比以前更轻松些。这样忽断忽续地走着，走到旅馆的时候，沙利宾先生满意地笑着：“并不太远吧？现在让我们来吃午饭。”

在吃午饭的时候，沙利宾先生解释了为什么要走这么多路的理由。“今天的走路，你可以常常记在心里。”这位大歌唱家庄严地说，“这是生活艺术的一个教训：你与你的目标之间，无论有怎样遥远的距离，都不必担心。把你的精神集中在**5**条马路的短短距离，别让遥远的未来使你烦闷。要常常注意于未来**24**小时内使你觉得有趣的小玩意儿。”

几十年过去了，沙利宾先生已长辞人世，当年一起走过的那些马路，现在也大都改变了模样。可是，沙利宾先生的人生哲学，还一直深深印刻在普洛斯的心中。

成长感悟

如果普洛斯认为他距沙利宾先生的住处还有**60**条马路，那么遥远的距离会让他停滞不前；如果他认为还有**5**条马路，那么他会迈出自己轻盈的脚步。生活就是这样，有时目标看起来遥不可及，但如果你勇于迈出第一步，不要想太多，只关注眼前的具体情况，然后踏踏实实，一步一个脚印地走下去，最后终有一天，你会发现，成功已在眼前。

穷和尚与富和尚

古时候有一个和尚，他决定要到南海去。可是在当时，交通非常不便，到南海的路途非常遥远，而且这个和尚还身无分文。但是，穷和尚没有被这些困难所吓倒，他心中只有一个坚定的信念：一定要到南海去！

于是，穷和尚沿途化缘，靠着自己的双脚一步一步朝南海的方向前进。在路过一个村庄化缘时，他碰到了一个富和尚。富和尚一脸傲慢地问他："你化缘干什么？"

穷和尚回答说："我要去南海。"

富和尚听了便哈哈大笑起来，接着用嘲讽的口气说："凭你也想去南海，我想到南海的念头都有好几年了，但因为还没有准备充分，所以一直没有出发。你这么穷，恐怕还没到南海就饿死在路上了。哼，我劝你还是找个寺庙安稳度日吧！"

富和尚的话并没有让穷和尚动摇，穷和尚用坚定的目光看着南海的方向说："总有一天，我一定会到达南海的。"

几年以后，穷和尚从南海返回，又路过当年遇见富和尚的地方，而直到这个时候，富和尚还在准备他的南海之行。

成长感悟

穷和尚有了去南海的念头后，就马上付诸行动，结果他的愿望在几年后就得以实现。而条件优越的富和尚，却一直停留在自己的幻想中，他永远在准备，也永远不可能实现自己的理想。

梦想能否实现和决心有关，有了决心，其他一切都不是问题，所以，青少年朋友，当你有了自己的想法后，就赶快走在行动的路上吧，用你的双脚踩出一串串闪光的足印！

空想与行动的分别

马尔克斯是哥伦比亚著名的作家，被人们称为**20**世纪拉丁美洲魔幻现实主义文学的杰出代表。

马尔克斯的代表作《百年孤独》，一直被人们誉为“20世纪最伟大的小说”，这部伟大的作品是马尔克斯在一年半的时间里足不出户埋头苦写出来的。这一小说发表后，赢得了多个文学奖，很快成为畅销书，马尔克斯也因此获得了世界性的承认和赞誉。

一次，一个年轻的作家问马尔克斯：“你是当今最有名的作家，那你成功的关键是什么？”

马尔克斯很坦白地告诉他：“多思多想。”

这个年轻的作家满怀心得，很开心地回去了。到家之后，年轻的作家告诉妻子：“我从今以后不出去了，我要躺在床上多思多想，你最好不要打扰我。”

就这样，这个年轻的作家躺在床上，望着天花板一动不动，每天就这么多思多想。

一个月后，马尔克斯在回家的路上偶然遇见了年轻作家的妻子，她对马尔克斯说：“先生，求您去看看我丈夫吧，自从上次从你家回来后，他就像中了魔似的，整天躺在床上不出门。”

马尔克斯见到了年轻的作家，只见他整个人精神呆滞，骨瘦如柴。年轻作家见是马尔克斯，就挣扎着坐起来，对马尔克斯说道：“先生，我每天除了吃饭，就是躺在床上思考，您看我离成功还有多远？”

“你整天躺在床上只想不做，请问你都思考了什么？”马尔克斯问。

“我想的东西太多了，都记不起来了。”年轻作家回答说。

马尔克斯笑了笑，很不客气地说道：“我看你除了脑袋上长满头发，收获的全是垃圾。”

“垃圾？”年轻作家很疑惑。

成长感悟

目标再伟大，如果不去落实，永远只能是空想。成功需要意念，更需要行动。制定目标是为了达到目标，目标制定好之后，就要付诸行动去实现它。

把思想化为行动的马尔克斯写出了伟大的《百年孤独》，而整日躺在床上冥思苦想的年轻作家却变得精神呆滞。这个故事告诉我们，只有想法而没有行动的人，是永远不会获取成功的。

“只想不做的人只能生产思想垃圾。成功是一架梯子，双手插在口袋里的人是爬不上去的。”尔克斯答道。

建立行动的真正目标

少年拉尔利有一个梦想，那就是希望自己有一天能在广阔的天空飞行。后来，当拉尔利高中毕业后，他便加入了空军，希望能成为一名飞行员，实现他少年的梦想。

然而，很不幸的是，拉尔利的视力不及格，他不得不退伍，放弃多年的梦想。看着别人驾驶的喷气式飞机从他家的房顶上飞过，拉尔利每天除了羡慕，就是幻想，幻想着自己在空中飞行的乐趣。

一天，拉尔利想到一个办法，也许这可以实现自己多年的梦想。拉尔利驾车到军队剩余物资店，买了一筒氦气和45个探测气象用的气球。那可不是颜色鲜艳的普通气球，而是非常耐用、充满气体时直径达四英尺大的气球。

就这样，在自家的后院里，拉尔利用皮条把大气球系在草坪的椅子上，把椅子的另一端绑在汽车的保险杠上，然后开始给气球充气。

随后，拉尔利又为自己准备了食物和饮料，还有一支气枪，以便在他希望降落时可以打破一些气球，让自己缓缓降落。

准备工作完成后，拉尔利坐上了椅子，然后他割断拉绳。拉尔利的本意是让气球缓缓升入空中，但事实却并非如此。当他把绳子割断以后，气球并没有像期望的那样缓缓上升，而是像炮弹一样向上发射，速度之快大大出乎了意料。

拉尔利的气球一直向上爬升，直至停在一万英尺的高空处。在那样的高度，拉尔利不敢贸然弄破任何一个气球，以免失去自身的平衡，导致自己紧急坠落，危及性命。就这样，拉尔利在高空中飘浮了将近 **14** 个小时，他根本不知道该怎样达到地面。

14 个小时以后，拉尔利被一个飞行员发现了。随后，飞行员通知了指挥中心，说他看见一个家伙坐在椅子上悬在高空，手里还拿着一支气枪。

到了傍晚的时候，海军立即派出一架直升机前去营救。但高空救援人员很难接近他，因为直升机的螺旋桨发出的风力，会把拉尔利所乘的气球越吹越远。终于，营救人员将飞机停在了拉尔利所乘气球的上方，垂下一条救生索，把他慢慢地拉上去。

被营救的拉尔利一到地面，便遭到了逮捕。他的行为引起了很多媒体和人们的注意。记者大声地问道："拉尔利先生，你为什么这样做?"拉尔利停下来，朝记者笑了笑，很不在乎地说："人总不能无所事事吧。"

成长感悟

很多人都知道，在自己的一生中，总不能无所事事，人应该有目标，而要实现这个目标，就必须立即采取行动。但是聪明的人都知道，目标必须要符合实际，行动也必须积极有效，敢想敢干的做法固然值得称道，但也应该考虑自己的行动是否符合实际。不能为了一时的痛快，或者为了出风头而做一些很可能会产生不良后果的举动。

罗德的美好生活

罗德喜欢打猎和钓鱼，对于他来说，美好生活就是带着鱼竿和猎枪，经过长途跋涉到森林里去。但是，他对自己美好生活的向往却让他感到烦恼，因为作为一位保险业务的推销员，他的业余时间实在太少了。

有一天，罗德恋恋不舍地离开了他所喜爱的鲈鱼湖，回到了自己的办公室里。这时，他突然产生了一个想法：如果有一些人住在荒野的地方，而这些人又需要保险，那么，他岂不是就可以在野外开展工作了？

有了这个念头之后，罗德马上到网上查找，他真的找到了这样一群人：他们在野外从事修建阿拉斯加铁路的劳动，他们住在分散的工段房子里，绵延在**800**公里长的铁路线上。罗德兴奋了，他决定向这些人兜售保险单！

说干就干，罗德一分钟也没有拖延，他马上开始制订计划。当一切准备就绪后，他立即乘船到了阿拉斯加的西沃德半岛。结果，罗德成了受这些孤独家庭所欢迎的人，他向他们推销保险单，还免费给当地人理发，有些单身汉只吃罐头食品和火腿，罗德就亲自教他们怎么做饭。罗德开心极了，他不但可以继续从事自己的工作，而且还可以同时过他想要的那种美好生活：踏遍群山，打猎，钓鱼……

在阿拉斯加的荒野中，他一年就销售了一百多万美元的保险单。他不但取得了成功，而且也拥有了自己一直以来所梦想的美好生活。

成长感悟

当罗德有了去阿拉斯加荒野中销售保险的想法后，便马上刻不容缓地开始了自己的行动。最后，他不但事业上取得了成功，而且还兼顾了自己的业余爱好。

有人觉得立刻行动是很困难的事，那么罗德的做法是否可以给予我们启示呢？如果将自己的梦想作为诱饵，那么行动起来就更加容易。为自己的梦想而行动，立即行动便不再是一句空话。

Chapter

04

勤奋是通往成功的必由之路

勤奋是通往成功的必由之路，而懒惰是成功最大的敌人之一。

10~18岁的青少年要想有所成就，必须要克服惰性。一勤天下无难事，在青年时代如果能够养成勤勉努力的习惯，那么这种习惯就会成为你终身受用的法宝，会帮助你克服困难，取得人生的成功。

瞎子的秘方

有一对瞎子，一老一少，他们每天靠老瞎子弹琴卖艺维持生活。

一天，老瞎子病重，他自知不久将离开人世，便多次叮嘱小瞎子："孩子，我快不行了，唯一放心不下的就是你，以你现在的琴艺还不能让你过得很好。我这里有个藏宝图，可以让你富贵一生。我把它藏在琴里面了，但你千万要记住，你必须在弹断第一千根琴弦的时候才可以将它取出来，否则，你将会贫苦一生。"小瞎子含泪答应了师傅。老瞎子放心地离去了。

小瞎子谨遵师父的遗嘱，很勤奋，也很努力地弹琴。就这样过了一天又一天，一年又一年，将一根根琴弦弹断，然后收藏起来。

终于，当小瞎子弹断第一千根琴弦的时候，当年那个技能一般的孩子，已经变成了一位琴艺超群的青年。他按捺不住内心的喜悦，双手颤抖着，慢慢地打开了琴盒，取出秘方。

然而，别人却告诉他，那不是什么藏宝图，而是一张什么都没有的白纸。

成长感悟

其实，这个世界上并不存在所谓的"藏宝图"，虽然老瞎子所说的"藏宝图"只是一张白纸，但实际上宝藏已经被小瞎子得到了，那就是勤奋。勤奋练就了小瞎子高超的琴艺，这正是小瞎子一生的财富。勤奋二字，价值千金。

笨孩子的梦想

他出生在一个普通的犹太裔家庭，由于生得呆笨，很多人都喊他"木头"。

成长感悟

上帝没有帮助凯尔泰斯·伊姆雷，动荡的时局让他身陷纳粹集中营，但是他却依然为了梦想而勤奋努力着，最终，是孜孜不倦的写作而不是上帝的帮助使他成为诺贝尔文学奖得主。中国古人有言：天行健，君子以自强不息。我们每个人手中都握有一把取得成功的钥匙，那就是勤奋。

9岁那年，他做了一个梦，梦中他走向诺贝尔文学奖颁奖台，接受国王的颁奖。当时，他很想把这个梦告诉别人，让大家分享他的快乐，但他怕别人嘲笑，最后只告诉了他的妈妈。

慈爱的妈妈这样告诉他："你做了这样一个梦，就表明你要有出息了。我曾听说，当上帝把美好的东西放到一个人的睡梦中时，上帝就是真心想帮助这个人完成这个梦。"

男孩信以为真，从此他很努力地写作。"既然上帝把这个美好的梦送给了我，就肯定会帮助我的！"于是，他怀着这样一个信念，开始了他的写作生活。

3年过去了，上帝没有来；又3年过去了，上帝还是没有来。就在男孩期盼上帝帮助他时，德国纳粹党来了。作为犹太人，他像其他人一样，被关进了集中营。

在那个惨无人道的环境里，有几百万人失去了生命，而他却幸存了下来。为了实现少时的梦想，他勤奋写作，孜孜不倦。

1965年，他开始创作第一部长篇小说《命运无常》；1975年，他又写出了他的第二部小说《退稿》；1977年，他又发表了两部中篇小说《寻踪者》和《侦探故事》，之后相继出版长篇自传体小说《惨败》《为一个未出生的孩子哭祷》、中篇小说集《英国旗》、日记体文集《船夫日记》及《另一个人》，思想文集《被放逐的语言》与电影剧本《命运无常》等。

当他已不再关心是否能够得到上帝的垂青，而只是安心于纯粹的写作时，瑞典皇家文学院却突然宣布：凯尔泰斯·伊姆雷荣获2002年诺贝尔文学奖。不错，凯尔泰斯·伊姆雷，那正是他的名字。

他觉得安宁而幸福，谈及获奖感受时，他只是淡淡地说："我只是每天安静地写作，也许有时候，上帝会突然眷顾你。"

知识是对头脑最好的装饰

在墨西哥的一个小镇，有一个有名的美女。虽然她只有十几岁，但却有着娇美的容貌，灵巧轻盈的身段。最令人艳羡的是，她有一头美丽的长发。每当她飘逸的长发随风而舞时，小镇上的许多人都会驻足观赏。

在许多人的眼里，这样美丽动人的女子，再加上她银铃般的笑声和甜美的嗓音，将来一定可以笑傲演艺圈，成为一名出色的演员。就连她的朋友和家人都是这样认为的。但是，小女孩却不这样想，她的志向是当一名诗人，可以将心中那些美好的情感，将自己对祖国和人民的热爱化为一行行美丽的诗句。

但是，美丽的外表并没有给她带来写诗的天赋。她写的诗歌不但平淡，而且还经常受到老师的批评，甚至有的时候，老师还会小小地打击她一下，让她放弃写诗，转而去考演艺学校。小女孩没有因此而动摇，她坚信"勤能补拙"。只要一有时间，她就会拿起笔来写上几句。

一天，一群小伙伴来找小女孩去郊游。当时她正在等待老师的批复。于是，她对小伙伴们说："我在等着老师的批复呢。这样吧，如果老师说我写诗有进步，我就

成长感悟

聪明在于勤奋，天才在于积累，大诗人索尔之所以拥有令人惊叹的才华，和她的勤奋是分不开的。索尔不惜剪掉自己美丽的长发，目的就在于时刻警惕自己，切不可懒惰懈怠，而应时刻保持勤奋刻苦的精神。

勤奋是对成功最好的阐释，也是通往成功的必由之路。古罗马有两座圣殿：一座是勤奋的圣殿；另一座是荣誉的圣殿。人们必须经过前者，才能到达后者。勤奋是通往荣誉的必经之路，那些试图绕过勤奋而寻找荣誉的人，总是被荣誉拒之门外。

和你们一起去。如果我还是老样子，那就不能和你们一起去了，虽然我很想去，但是练习写诗对我来说比郊游重要多了。”

小伙伴们只好坐下来陪她一起等待老师。不久，老师拿着一摞诗稿出来。小女孩喜滋滋地跑过去。可当她拿到那些满篇都是红色批注的诗稿时，眼睛里噙满泪水。

她认真地看着批注，一言不发，其他人也都默默地注视着她。令人意想不到的是，她一把抓起剪刀，“咔嚓”一下，剪掉了一头美丽的长发。

原来，她给自己立了一条规矩：如果写诗再没有进步，就把自己的头发剪下来，以示惩罚。小伙伴们都很不理解她的做法，但是小女孩却说：“对头脑最好的装饰是知识和才能，而不是一头美丽的长发或是一枚漂亮的发卡。”

多年以后，这名小女孩凭借对自己的严格要求和勤奋努力，终于成为了著名的女诗人。她就是17世纪墨西哥女权主义者代表，女诗人、剧作家索尔·胡安娜·伊内斯·德拉克鲁斯。

勤奋是实现梦想的最好途径

查尔斯·巴克利是前NBA著名球星，他的成功与他勤奋的锻炼是分不开的。

巴克利出生在美国阿拉巴马州里兹市的一个小镇里，那是一个只有几千人的小镇，经济落后，生活贫困。与当时很多贫穷的黑人孩子一样，他一出生就遭遇了贫穷和诸多不幸。

在小巴克利刚刚一个半月时，他就因患有贫血症而进行了一次全身换血的大手术。因手术比较成功，小巴克利很幸运地活了下来。

常言说："穷人的孩子早当家。"在巴克利年纪还很小的时候，就有了自己的目标，那就是要用篮球来改善家里的生活，让自己和家人逃离贫穷。当然，此时的小巴克利很有决心，对自己也很有信心。

但很少有人会相信巴克利能实现他的梦想，甚至有人曾讥笑他简直是在做白日梦，因为年少的他并没有表现出足够的篮球天赋，甚至连身高和体重都不合格。

高一时，巴克利的身高只有 **178** 厘米，所以他连校队也没能入选。即使进入校队失败，巴克利依然信心十足，利用更多的时间提高自己的球技。就这样，巴克利每天坚持练球，风雨无阻，即使是别人的嘲笑和打击也不能让他间断。

打篮球，弹跳力是非常重要的。为了锻炼弹跳力，巴克利每天都在顶端非常尖锐的栅栏上跳来跳去，吓得他的母亲总是心惊肉跳。巴克利每天勤奋地练球，就是要告诉每一个人，他一定可以实现自己的梦想。

有付出就有回报，经过一段时间的苦练，巴克利的球技有了很大的进步。在高二时，他终于进入了校队。可是，进入校队以后，巴克利却只能做替补，出场时间少得可怜，但他依旧没有怨言，一上场必倾尽全力，场下则成为训练最刻苦的一个。

高三年级的那个夏天，是奇迹诞生的季节，巴克利的身高竟然达到了 **198** 厘米，他奇迹般地长高了 **20** 厘米，体重也增加了 **10** 公斤。于是，巴克利有了一个很好

成长感悟

宝剑锋从磨砺出，梅花香自苦寒来。勤奋是克服"先天不足"的良药，勤奋是实现梦想的最好途径。

正是勤奋为巴克利打开了通往梦想殿堂的大门，对于勤奋的意义正如巴克利自己所说："世界上的大多数人，并不知道自己怎样才能脱颖而出。但我在孩提时代便已经决定，无论我做什么，我都一定要成功。记住，只要你下定决心，勤奋努力，没有人能够阻止你的成功！"

的篮球运动员的身体，进而成为里兹高中篮球队的主力球员。

凭着对篮球的热爱，经过不懈的努力，巴克利终于成为NBA中的一员。在这个代表了世界篮球最高水平的联盟中，巴克利虽然不是最优秀的，但最起码他通过自己的勤奋和努力，终于实现了自己少年时的梦想，兑现了对母亲的承诺，用篮球给母亲带来了美好的生活。

忍冻学习的希勒尔

犹太民族是一个非常重视学习的民族。大学问家希勒尔年轻的时候，曾抱有一个很大的理想，那就是专心研究《犹太教则》。可是，由于家境贫寒，希勒尔很小的时候便被迫辍学，靠打工挣钱养活自己。

但是，希勒尔并没有放弃自己的理想，在左思右想之后，他终于发现了一个可以完成心愿的办法：拼命地工作，靠工钱的一半生活，把剩下的钱送给学校的看门人。

“这些钱给你，”希勒尔对学校的看门人说，“不过，请你让我进学校去，我很想听听老师们在说什么。”

靠着这种办法，希勒尔终于溜进了朝思暮想的学校，在打工之余听了学校老师的很多课程。可是，希勒尔的钱实在太少了，到了最后，他甚至连一片面包也买不起了。这时候，让他感到难受的并不是饥饿，而是那个狠心的看门人坚决地拦住了他，不允许他再走进学校一步。

但是希勒尔仍不死心，他终于又想到了一个好办法。他沿着学校的墙壁悄悄爬上去，然后躺在了天窗的旁边。这个办法果然不错，现在，他不但可以清楚地看见教室里面上课的情形，还可以听到老师讲课的声音。能够继续学习知识，希勒尔心里别提多高兴了。

有一次，在安息日前夕，寒风凛冽，天气冷得厉害。当学生们照常来到学校准备上课时，却发现了一件非常奇怪的事。因为这时候明明窗外阳光灿烂，可是教室里却漆黑一片。学生们很纳闷：教室里的光线为什么那么暗呢？

原来，这时候希勒尔正躺在天窗上，身上积了一层白雪，已经被冻得半死。他在天窗上已经躺了整整一夜了。

从此以后，凡是犹太人有以贫穷或者没有时间为借口不去勤奋学习，人们就会这样问：“你比希勒尔还穷吗？你比他还没有时间吗？”

成长感悟

书山有路勤为径，学海无涯苦作舟。贫穷没有成为希勒尔放弃学习的理由，相反，他以自己惊人的毅力和不屈不挠的精神，终成一代大学问家。

只有通过自己的努力和辛勤的汗水换来的成功才是最真实的。与其祈祷天堂里的上帝，不如相信真实的自己；与其祈祷上帝，还不如付出诚实的劳动。青少年朋友们，在窗明几净中学习是一种幸福，想想躲在天窗边求学的希勒尔，我们是不是可以更努力一些呢？

头悬梁，锥刺股

战国七雄中，秦国是最强大的一个国家，它不断发兵进攻邻国，占领了不少地方。其他六国都很畏惧秦国，担心秦国有一天会吞并它们。当时有一个叫苏秦的人，他为六国提出了“合纵抗秦”的方略，意思是六国联合起来共同抗秦。因为当时六国位置纵贯南北，所以这种战略又被称为“合纵”。

苏秦是洛阳人，洛阳是当时周天子的都城。苏秦想干一番事业，曾去求见周天子，却因为没有引见之路，一气之下变卖家产来到了别的国家。可是，苏秦东奔西跑了许多年，却依然没有做官。

后来，苏秦的盘缠用完了，只能灰溜溜地回到家中。看到他穿着草鞋，挑着副破担子，一副狼狈不堪的模样，家里人都很看不起他。苏秦的父母狠狠地骂了他一顿，而他的妻子坐在织机上织帛，连眼睛都没有抬。苏秦很饿，他求嫂子给他做饭吃，但嫂子理都不理就转身走开了。

落到家人都不理睬的地步，苏秦心里难过极了，他暗下决心一定要有所作为。从此以后，苏秦开始发愤读书，钻研兵法，每天苦读到深夜。有时候读书到半夜，苏秦便觉得又累又困 。为了抓紧时间克服困倦，苏秦拿了一把锥子放在身边，每当觉得困的时候，他就用锥子扎自己的大腿，虽然很疼，但是马上就不困了，然后他就接着读下去。后来，苏秦又想了一个驱赶困意的方法，那就是把头发用带子系起来拴到房梁上，这样只要一打瞌睡头向下栽的时候，头皮就会揪得生疼，一下就清醒过来了。这就是“头悬梁，锥刺股”的故事。依靠自己勤奋刻苦的精神，苏秦终于成了一个非常有学问的人。

公元前**334**年，苏秦开始到六国游说，宣传自己的“合纵”思想，取得了巨大的成功。第二年，六国诸侯订立了合纵的联盟。苏秦佩戴六国相印，成了赫赫有名的大人物。

成长感悟

业精于勤而荒于嬉，行成于思而毁于随。如果想成就一番大的事业，勤奋是必不可少的主观因素。

勤奋和智慧是双胞胎，懒惰和愚蠢是亲兄弟。懒惰而一事无成的苏秦，甚至连家里人都看不起他；而经过勤奋学习终成巨匠的苏秦，却可以指点江山，佩戴六国相印。这就是勤奋的力量。

口吃也能成演说家

德摩斯梯尼是古希腊著名的演说家、政治家。他天生口吃，嗓音微弱，还有耸肩的坏习惯。在很多人看来，他似乎没有一点演说家的天赋。而对于一个演说家来说，洪亮的嗓音、清晰的发音、优美的姿态、雄辩的口才是必不可少的，可是，这些条件德摩斯梯尼都不具备。所以，最初很多人认为，德摩斯梯尼要想成为一名演说家，简直是痴心妄想。

但是，德摩斯梯尼并没有就此放弃。他非常勤奋和努力，每天都要进行一场刻苦的学习和训练。在第一次上台演讲时，德摩斯梯尼遭遇了极大的尴尬。由于吐字不清楚，演讲的内容更是空洞乏味，台下的听众把他轰下了讲台，最终导致第一次演讲失败。

但是暂时的失败并没有让德摩斯梯尼动摇，反而更加坚定了他的决心，促使他更加努力地学习。据相关资料记载，他曾连续把《伯罗奔尼撒战争史》抄写了**8**遍；曾拜访很多著名演员，向他们请教发音的方法；曾把小石子含在嘴里朗读，迎着大风、雨雪和波涛讲话；曾一边攀登陡峭的山路，一边大声地朗诵诗歌。不但如此，他还在家里装了一面大镜子，仔细观察自己说话时的口型，每天从早到晚对着镜子练习演说；为了改掉说话耸肩的坏习惯，他在头顶上悬挂了一柄利剑；他甚至把自己剃成阴阳头，以此使自己躲开很多社交活动，安心躲起来练习演说……

经过十多年的磨练，德摩斯梯尼终于成为一位出色的演说家，他精彩的政治演说为他建立了不朽的声誉，他的演说词结集出版，成为古代雄辩术的典范，打动了千千万万读者的心。

成长感悟

勤奋努力是成功的阶梯。一个似乎不可能成为演说家的德摩斯梯尼，为了理想，他勤奋学习，努力克服自身的弱点，终于成为一位出色的演说家。

对于青少年来说，我们更应该懂得，古往今来，勤奋是人们获得成功的必要前提。唯有勤奋，才能造就一个人事业的成功与辉煌。想想口吃的德摩斯梯尼都可以成为优秀的演说家，还有什么是不可能的呢？

勤奋坚持的史泰龙

有一位美国青年，最初他甚至贫困得买不起一件上衣，但他依然全心全意地坚持着自己心中的梦想。他想做演员，拍电影，当明星。

当时的好莱坞，有**500**多家电影公司，他数过不止一遍。这个年轻人根据自己认真划定的路线与排列好的名单顺序，带着为自己量身定做的剧本，一一前去拜访。

在他第一次拜访下来，好莱坞**500**多家电影公司，没有一家愿意聘用他。

面对这些公司毅然决然的拒绝，这个年轻人并没有灰心。他一方面勤奋练习，提高自己的演艺技能；另一方面从最后一家被拒绝的公司出来之后，又从第一家开始，继续他的第二轮拜访与自我推荐。

在第二轮的拜访中，这**500**家电影公司还是拒绝了他。

然而，第三轮的拜访结果仍与第二轮相同。

这位年轻人依然坚持他的第四轮拜访，当拜访到第**350**家电影公司时，老板竟然破天荒地答应，愿意让他留下剧本看一看。

几天后，年轻人得到通知，请他前去详细商谈。

这次商谈很成功，这家电影公司决定投资开拍这部电影，并请这位年轻人担任自己所写剧本的男主角。

为了这次机会，年轻人每天早起晚睡，他总是在不断地熟悉剧本，重复每一个动作，就连说话的表情、姿势，他都要把握到位。

成长感悟

每个人的成功都不是一帆风顺的，即使是国际巨星史泰龙。他的成功，不仅取决于他的才华，更重要的是他的勤奋和坚持，勤奋成就了实力，而坚持赢得了机遇。

勤奋是点燃智慧的火把，懒惰是埋葬天才的坟墓。挫折对于懒惰的人是拦路虎，对于勤奋的人却是垫脚石。史泰龙没有被一次又一次的拒绝吓倒，反而韧劲十足，更加勤奋。青少年朋友，史泰龙的成功，是不是可以给你一点启迪呢？

终于，这部电影一上映便风靡全球，而这个年轻人也为此名声大噪。这部电影名字叫《洛奇》，这个年轻人就是席维斯·史泰龙。

只有一“点”像父亲

王羲之是东晋著名的书法家，其最小的儿子王献之虽然不如父亲那么有名，但在当时，他的书法风格也是自成一家，颇有成就。

一次，父亲王羲之吃饭时，用筷子在桌子上比划写字，不料把酒杯打歪了。随后，他就用手指蘸着酒水在桌面上写字，饭都忘了吃了。

王献之见父亲只顾着写字，竟然连吃饭都忘了，于是取笑道：“父亲真是的，竟然可以入迷到这种程度。”母亲听了，说：“孩子，正因为你父亲每天都要勤学苦练，才有今天的成就。相信过不了多久，他就会超过古代的任何一个书法家了。”

这时，王献之认为自己的字已经写得很好了，然后很自信地问父母：“我的字再写 **3** 年也就够好吧？”父亲王羲之没有声响，母亲则摇摇头。王献之又说：“**5** 年可以吧？”父亲还是没搭话，母亲回答说：“还差很远呢！”

王献之很纳闷，问道：“那究竟要写多久呀？”王羲之听到这里，站起身说道：“你看到院中的大水缸了吗？如果你能写完这 **18** 缸水，你的字才会有骨，才能站稳脚跟。”

成长感悟

王羲之练字到了废寝忘食的地步，才终于写出流传千古的《兰亭集序》；而他的儿子王献之为了练字，蘸完了院子中的 **18** 缸水。正是这份勤奋与刻苦，才使得他们父子终成书法大家。

人生如练字，如果你不勤奋，不努力，你的人生也就不会成功。成功的道路是充满艰辛的，只有那些不畏劳苦、努力攀登、辛勤耕耘的人们，才有希望达到光辉的顶点。

王献之听了很不服气，下定决心要显点本事给父亲看。

就这样，王献之很勤奋地练习了7年，把字捧出来让父亲看。王羲之拿起字看了看，摇摇头没说话，只是看到字里面有个“大”字，架势上看起来有点上紧下松，于是在下面点了一点，就成为一个“太”字了。

王献之又把自己所写的字让母亲看，母亲把字放在面前，一页一页地仔细端详，最后感叹道：“孩子，你练字7年，只有这一‘点’像你的父亲。”

王献之走近一看，很吃惊，原来母亲所指的那一点，就是父亲加在“大”字下面的那一“点”!

王献之深感自己水平欠缺，于是把自己关进书房，苦心练字。在他用尽院子里的18缸水后，他的字终于筋骨傲然，他自己也终于成为我国古代著名的书法家。

囊萤映雪

晋代时，有一个叫车胤的人，他从小就非常热爱学习。由于家境贫困，没有多余的钱买灯油供车胤晚上读书，他只能每天利用白天的宝贵时间背诵诗文。

夏天的一个晚上，车胤因为没有灯光读书，就坐在院子里纳凉，想到这么大好的时光却不能用来读书，车胤觉得很可惜。就在这个时候，车胤突然看见许多萤火虫在飞舞，一闪一闪的光点在黑夜中显得非常耀眼。车胤兴奋极了，他想，如果把许多萤火虫集中在一起，不就成为一盏灯了吗？于是，他马上找来一只白绢口袋，抓了几十只萤火虫放在里面，然后扎住袋口，把它吊起来。果然，虽然不算太明亮，但他勉强可以借着微弱的光线看书了。

同朝代的孙康和车胤非常相似。由于没钱买灯油，晚上便不能看书，只能早早地上床睡觉。

冬天的一天晚上，孙康从梦中醒来，突然发现窗缝里透进一丝光亮。原来，那夜大雪刚停，那光线就是大雪映出来的。孙康马上没有了困意，立即拿着书本来到了屋外。只见宽阔的大地上映出白茫茫的雪光，比屋里的光线亮多了。孙康不顾寒冷，立即借着雪光看起书来。由于天气太冷，手脚都冻僵了，孙康就起身跑一跑，用力地搓搓双手。此后，只要遇到有雪的夜晚，孙康就会站在屋外借着雪光孜孜不倦地读书。

最终，车胤和孙康都成了一代饱学之士，而他们刻苦学习的故事也世代流传，这就是有名的“囊萤映雪”的故事。

成长感悟

有人苦其一生都在寻找成功的秘诀，可是到头来却还是两手空空，一事无成。其实成功的秘诀很简单，那就是勤奋。勤奋出天才，勤奋出智慧，勤奋出成就，勤奋是一种可贵的美德。只要我们付出了辛苦和努力，成功就会不经意间来到你身边。

Chapter

05

品性——好习惯、好品德会让你一生受益

如果人生是一座高大的建筑物，那么人的品质就是这座建筑的地基。具有良好品德和习惯的人是幸运的人，他们在生活中将得到更多人的帮助；他们又是快乐的人，因为他们的好品性会带给他们更多的美誉和朋友；他们还是无比幸福的人，有良好的品性陪伴他们一生，无论遇到任何事情，他们都会用一颗宽容、豁达的心态去接受、去包容。

哲学家的最后一课

很多年以前，有一名著名的哲学家，带着自己的弟子们周游世界游说讲学，10年后，哲学家的讲学马上要宣布结束了。

这一天，哲学家和学生们坐在一片碧绿的草坪上，他对学生们说："好了同学们，现在你们已经满腹经纶，学业有成了，今天我们来上最后一课。我现在只问你们一个问题：如何除掉眼前的这些杂草？"

听了老师的问题后，学生们都非常惊讶，他们万万没想到，这位大名鼎鼎的哲学家的最后一课，竟然会以这样一个问题作为结束。

第一个弟子说："老师，我只用一把铁铲就够了。"第二个弟子接着说："老师，我会用火把它们烧光。"第三个弟子则这样答道："斩草要除根，我会把它们的根都挖出来。"

听完弟子们的话后，哲学家站了起来，说："最后一课就上到这里了，回去后，你们每个人都尝试用自己想出的方法去除一片杂草，一年后，我们再来这里相聚。"

一年过后，弟子们又来到了当初哲学家讲课的地方，只不过，现在这里已经不见了杂草，取而代之的是一大片长满谷子的庄稼地。弟子们在庄稼地旁等待着自己的老师，可是那位哲学家一直也没有出现。

若干年后，那位哲学家去世了。弟子们在整理老师的笔记时，发现了这样一句话：想除去杂草的最好办法就是在上面种上庄稼，而想让灵魂变得洁净，最好的办法就是用美德占领它。

成长感悟

当弟子们周游世界已经满腹学识的时候，哲学家给他们上了最后一课，而这最后一课，才是最为重要的，因为哲学家要告诉弟子们：与才华比起来，美德更重要。

意大利诗人但丁曾说："人不能像走兽那样活着，而应该追求高尚的品德。"确实，美德是人格的最重要体现，是一个人的尊严所在。处于青春期的朋友们，你们正处在自己的人格形成期，让高尚的美德占据你们洁白的心灵吧。

女学生与教授

成长感悟

宽容是一种修养，一种处变不惊的气度，更是一种坦荡、一种豁达。宽容是人类的美德。荷兰的斯宾诺沙说过："人心不是靠武力征服的，而应该靠爱和宽容。"宽容一如阳光，亲切，明亮。

当一个人犯错的时候，我们应该给他一次改正错误的机会。青少年朋友学会了宽容，也便学会了做人。历代圣贤都把宽恕容人作为理想人格的重要标准而大加倡导，多一些宽容，也就多了一份理解、信任和友爱。

一个女学生去向教授请教几个问题，发现门是虚掩着的，于是，女学生轻轻地将门推开，结果看到了这样的一幕：教授正在拥吻一个女孩子，而这个女孩子也是他的学生。

看到这个突然闯入的女学生，教授不知所措了。这时，女学生却一脸笑容地走到教授面前，说："教授，我也是您的学生，您可不能偏心哦，您也吻我一下好吗？"

慌乱的教授这时清醒过来，他轻轻地拥抱了这个女学生，并在她的额头亲吻了一下。那一刻，教授的眼里有着湿湿的东西在闪亮。

在女学生毕业那年，教授寄给她一张贺卡，上面这样写着："我永远感激你的善良和宽容，是你拯救了我。"

天堂与地狱

一个老人牵着他的狗走在乡间的小路上，他一边走一边欣赏着周围美丽的风景，他不知道这条路是通向哪里，但他依旧往前走。

走了一会儿，他们来到一个漂亮的小院旁边，那是由大理石砌成的小院，一扇华丽的大门，让人炫目，门里面有一段用黄金渡色的过道。在大门处，摆放着一张白玉雕刻的桌子，上面摆着几个精致的杯子，有一个白衣人很悠闲地坐在那里。

老人向前走近几步，很礼貌地问道："请问，这儿是什么地方?"

"老人家，这里是天堂。"白衣人回答。

"太好了！能让我喝点水休息一会吗?"老人问。

"当然可以了，请您往这边走，我这就给你拿些冰水来。"白衣人向后指了一下，大门就开了。

"我想我的朋友可以进来吧……"老人很礼貌地问了一句，然后指了指他的狗。

"很抱歉，我们不接纳宠物。"白衣人回答道。

老人看了看他的狗，思考了一下，然后对白衣人说："对不起，我不能扔下我的狗，他是我很忠诚的朋友。"于是，老人牵着他的狗，转身回到小路，继续往前行走。

过了一会儿，老人翻过一个山顶，走到了一条土路上，这条土路通向一个农舍的大门。门外长满了各种各样的花草，阵阵花香扑鼻而来。老人走向大门，他看到里面坐着一个年轻人在树荫下看书。"请问，"他很礼貌地问道，"您这儿有水吗?"

"当然有了，老人家，那边有一口大井。"年轻人一边说着，一边指着门里面，"请进，别见外，就当到了自己家好了。"

"我的朋友也可以进来吧?"老人看了看年轻人，又指了指他的狗。

"当然欢迎，井边上有一个小盘子。"年轻人回答。

喝完水以后，老人问："这是什么地方?"

"老人家，这是天堂。"年轻人回答。

"哦，我被弄糊涂了，"老人说，"这里装饰简单，并不像天堂，沿着这条路，再翻过一道山，那儿有一座华

成长感悟

人的生活离不开友谊，但要想收获真正的友谊，就需要用忠诚去播种，用热情去灌溉，用原则去培养。一个忠于友情的人，才是一个气节高尚的人，才是一个值得尊敬的人。

有些时候，地狱看起来更加华丽，就像故事中那个有着镀金大门的院落，但那只是一个美丽的陷阱。一个内心浮躁，喜欢追求浮华的人，很可能会在不经意间走进地狱。只有在面对诱惑时，依然坚持做人的原则，遵守自己的操守和品性，才会最终到达理想的天堂。

丽的小院，有一个白衣人说，他那里是天堂。”

“老人家，您说的是不是用黄金铺的大道、用大理石砌成的小院?”

“是的，那儿确实很漂亮，比起这里更像天堂。”

“不，老人家，那儿是地狱。”

“那儿冒用天堂的名字，你难道都不生气吗?”

“不，老人家，我知道您会这么想，但那确实为我们节省了许多时间。他们把那些抛弃朋友的人筛选了出来。”

手捧空花盆的孩子

很久以前，有一个老国王年纪逐渐大了，由于他没有孩子，王位继承是一个问题。为了给自己找一个继承人，这位老国王决定在全国范围内挑选一个孩子收为义子，将他培养成未来的继承人。

老国王挑选继承人的条件很独特，他命人给前来的孩子发一些种子，并宣布了花的生长期，这种种子是7天发芽，14天开花，没开花的话就证明是哪里出了问题。国王规定在一个月后拿着各自种的花来王宫。如果谁用这些种子培育出最美丽的花朵，国王就收谁为义子。

孩子们领回种子以后，开始精心培育，谁都希望自己能培育出最美丽的花朵，成为幸运的王位继承人。在这些孩子中，有一个叫雄日的男孩，他也收到了一些种子。就这样，雄日把种子精心放入泥土，每天给种子浇水，希望这些花能早日发芽，开花。

但是，当雄日满怀希望地来看花儿的嫩芽时，他看到的只是泥土，并没有任何嫩芽。雄日非常着急，就问妈妈。妈妈说："可能是花盆出了问题，也许这种盆透气不好，容易让种子发霉，不会发芽。"雄日听了，就去市场买了一个透气性好的花盆。

又7天过去了，那些种子还是没有动静，雄日又去问妈妈。妈妈说："可能是种花的土有问题。"雄日听了，又去市场买了最好的泥土。然后又重新种了一些种子。但是雄日发现种子还是没有发芽。

就这样，一个月的时间到了。在宫殿上，其他孩子捧着各种各样的花儿，整齐地排在两边。那是各种各样的花儿，很美丽，散发着花儿的香气。但这些都没能让老国王高兴，他的脸色越来越不好看，他想这次的挑选看来会无功而返。

正当老国王准备宣布结果时，雄日端着一个空盆进了宫殿。这个孩子看起来沮丧极了，他看着别人那些美丽的花儿，再看看自己空空的花盆，脸上一阵失望。但自己这一个月努力的结果确实是这样，他也不得不把这个没有花儿的空盆端来。

老国王看着这个端着空盆的孩子，微笑着问："孩子，你看别人的花儿都那么漂亮，为什么你的花儿连芽儿也没有呢?"雄日把自己种花的过程告诉了老国王，说："我已经很努力地呵护它了，可是它还是不发芽。没办法，我只能把它给端来了。"

老国王听了雄日的叙述，就告诉所有的人："雄日就是我的义子，未来的王位继承人。"其他人很不服气，说："我们都种出了漂亮的花朵，雄日却没有，为什么偏

成长感悟

没有种出美丽花朵的雄日成为了国王的继承人，因为在他手中捧着的，不是空空的花盆，而是一颗诚实的心。一个诚实正直的人，才是一个可以信赖的人。

在生活中，很多人为了利益而煞费苦心，甚至不惜使用欺骗手段，这些人无疑是愚蠢的。诚实才是最好的谋略，诚实才可以让一个人赢得一切。青少年朋友们，做一个诚实的人吧，用坦荡的胸襟面对这个世界，你会发现，你将得到更多。

偏找一个没有种出美丽花朵的人做继承人?”

老国王笑着回答：“我给你们发的种子是炒熟的，炒熟的种子怎么能种出花来呢？雄日是一个正直而诚实的孩子，所以我选雄日做继承人。”

即便受伤，也要把零钱送给你

一个春寒料峭的深夜，刚开完董事会议的帕里奇先生刚走出公司门口，就被一个蓬头垢面、衣衫褴褛的小女孩儿拦住了。

“尊敬的先生，请您看在上帝的面子上，买一包火柴吧。”小女孩哆嗦着说。

在这样寒冷的夜晚，帕里奇先生不想因为一包火柴而耽误回家的时间：“对不起，我想我不需要。”“先生，您就买一包吧，我还没有吃饭。”小女孩儿扯住帕里奇的衣角哀求道。

虽然觉得这个小女孩有些缠人，但是想到自己也有一个像她这样大的女儿，帕里奇先生不禁生出怜悯。但是当他打开钱夹时，却发现没有零钱。于是，他不得不遗憾地摇摇头，告诉小女孩这个悲惨的事实。

“没关系，我可以去转角处换零钱给您。”小女孩把所有的火柴都塞给了帕里奇先生，拿着他的一美元一溜烟跑了。

等了很久，帕里奇先生也没见小女孩的身影，只好驱车回家。第二天，当他正在自己的办公室工作时，秘书说，有个小女孩要见他。帕里奇先生以为是那个小女

成长感悟

区区一点零钱，对故事中的帕里奇先生来说不算什么，但是，小女孩的诚信精神却深深感动了他。一个讲究诚信的人，是值得信赖和栽培的，又有谁会不喜欢诚实守信的人呢？因此帕里奇先生又决定负担起小女孩妹妹的生活费用。

哈伯特曾说：“失掉信用的人，已经从这个世界上死掉了。”青少年朋友，生命不可能从谎言中开出鲜艳的花朵，为人应切记，诚信是立身之本。

孩，然而令他意想不到的是，进来的这个小女孩比昨晚卖火柴的小女孩更瘦小。她张口就说道："先生，实在抱歉，我的姐姐让我把零钱给您送来。"

"你的姐姐呢？"帕里奇先生问道。

"她在换零钱时被汽车撞成重伤，就要死了，所以，不能来了。"小女孩呢喃道。

帕里奇先生被小女孩的诚信深深打动了，并亲自去探望了受伤的小女孩，然而因为伤势过重，她还是离开了人世。帕里奇先生不但收养了她的妹妹，还把她留下的那些火柴摆到自己办公桌的显眼位置，让它时刻提醒自己：做人要讲诚信。

守时是一种美德

德国哲学家康德是一个很守时的人。在他看来，无论是对老朋友，还是对陌生人，守时都是一种美德，代表着礼貌和尊重。

1779年，康德与他的老朋友威廉约好，要去威廉的家乡一个叫珀芬的小镇拜访他。威廉表示欢迎，并准备好美酒佳肴欢迎老朋友的到来。

康德提前一天就到了珀芬小镇，准备第二天一早就乘马车赶往威廉家。然而，在离威廉家还有10英里远的地方，有一条小河挡住了他的去路。车夫停下车，对康德说："先生，很对不起，这条河上的桥断了，看来我们走不到对岸了。"

没办法，康德只得下车。但看看时间，已经中午10

点多了，如果再过一个多小时到不了地方，就赶不上老朋友的美酒佳肴了。康德焦急地问车夫："有没有别的方法，可以很快通过这条河？"

车夫说："有，除非你找人在短时间内将这座坏掉的桥修好。"听了车夫的话，康德开心极了。于是，他找到附近的一座破旧的农舍，那儿住着一对贫穷的年轻夫妇。

康德找到这对夫妇，很诚恳地问："您这间房子能不能卖给我？"

这对年轻的夫妇很吃惊地问道："我们的房子又旧又破，您买它做什么？"

康德回答说："你不用管我做什么，只需要告诉我愿不愿意卖？"

这对夫妇说："卖，当然愿意卖，不过要**200**法郎。"

康德毫不犹豫地付了钱，然后对这对夫妇说："如果你们能从房子上拆一些木头，然后在最短的时间内修好这座桥，我就把房子送给你们。"

这对夫妇很是惊讶，但还是很及时地把桥给修好了。

康德终于很顺利地通过了那座桥，在午饭开始之前赶到了老朋友家里。在门口等待的威廉看到康德，很激动地说道："亲爱的朋友，你还是像以前那样准时啊。"就这样，康德和他的朋友度过了一段愉快的时光，但他途中所发生的事情，丝毫没有向威廉提及。

后来，威廉从附近的农夫那里听说了这件事，他专门写信对康德说："老朋友之间的约会大可不必如此煞费苦心，即使晚到一些也是可以原谅的，更何况是遇到了意外。"但康德回信说："守时是最大的美德，即使是对老朋友也应如此。"

成长感悟

守时是一种高尚的素质，德语中甚至有一句谚语叫"准时就是帝王的礼貌"。康德不惜花费高额的金钱准时赴约，展现了一位伟大哲学家的良好品德。

我们应该懂得，守时是一种美德。懂得珍惜时间的人，不仅仅要注意不浪费自己的时间，也要时时注意不能够白白浪费别人的时间。一个守时的人，必将获得别人的尊重。

真正的宽恕

小男孩吉尼和他的小伙伴们偷偷溜进一个花园里踢球。正当大家玩得开心的时候，吉尼不小心把球踢到了花园旁边的窗玻璃上。玻璃窗发出“哗啦哗啦”的声响，瞬间变成了碎片。

一看玻璃碎了，吉尼和他的小伙伴撒腿就跑，这群小家伙们都不想承担责任。

回到家后，吉尼觉得很惭愧，可是因为怕被那所房子的主人责骂，吉尼没有勇气去承认错误。那个晚上，吉尼躺在床上，翻来覆去却怎么也睡不着，脑海里一遍一遍回想着白天发生的事情。过了几天后，吉尼悄悄地来到那个小洋房附近，想看看里面有什么动静。

漂亮的小洋房周围种满了花草树木，显得安静祥和。吉尼打听到，那所房子里住着一位孤独的老妇人，她腿脚不太方便，很少和周围的人来往。

为了弄明白那位老妇人的情况，吉尼悄悄地当起了送报纸的报童，当吉尼捧着报纸战战兢兢地敲开那所房子的房门时，一个坐着轮椅的老妇人出现在他面前。老妇人脸上充满了慈祥的笑容，那笑容让吉尼更加感到无地自容了。

于是，吉尼下定决心，要把自己卖报的钱积攒起来，用来赔偿老妇人的玻璃。经过一个月的努力后，吉尼攒够了**30**美分，这些钱足够赔偿老妇人的玻璃了。吉尼把钱放进了一个信封里，并在信封上郑重地写上了老妇人那所房子的地址。

三天后，吉尼又去给老妇人送报纸，这一次，吉尼

成长感悟

诚实是人格的基石，如果不在青少年时代稳固地奠定，那么以后这块基石上必将永远有一个脆弱之点。吉尼虽然在打碎玻璃后逃走了，但他最终认识到了自己的错误，并向房屋的主人做出了诚恳的道歉。我们应该像他那样，做一个知错能改的人，做一个诚实的人。

另外，很少有人像老妇人那样，不但以宽阔的胸怀原谅别人的错误，还把别人的悔改当成美德来称赞。所以说，宽恕是一种修养，宽恕是一种品质，宽恕是一种美德。我们也应该向老妇人学习，做一个心胸宽广的人。

觉得心里舒服了很多，当老妇人又冲他微笑时，吉尼没有低头，而是理直气壮地用自己的笑容迎了上去。老妇人收下报纸后，又对吉尼说："孩子，我这有一袋饼干，送给你吃吧，谢谢你每天都为我送报纸。"

吉尼开心地收下了老妇人的礼物。在回家的路上，当吉尼津津有味地吃着甜甜的饼干时，突然在饼干袋里摸到了一个信封。吉尼赶快打开信封，只见里面放着 **30** 美分和一张纸条，纸条上写着："亲爱的孩子，我为你骄傲!"

懂得谦让，上帝也会祝福

一天，一位富有的面包商把小镇里贫穷的孩子全都召集过来，对他们说："孩子们，我知道你们每天都被饥饿困扰，从今天起，你们每天都可以从我这里拿一块面包。"

于是从那以后，每天一大早，就会有很多饥饿的孩子蜂拥而来，从面包商那里得到一块免费的面包。当孩子们抢到面包之后，他们便高兴地跑开了，甚至连一句"谢谢"都没有对面包商说。只有凯丽，那个有着一头金黄色头发的小女孩，她每次都不与其他孩子一样抢东西，而是等其他孩子走完，才默默地从面包商那里拿一块小小的面包。每次拿到面包后，凯丽还会吻一下面包商的手以示感谢。

有一天，当别的孩子抢到面包一哄而散后，美丽的小凯丽得到了比之前更小的一块面包。但是，凯丽

成长感悟

拥有高尚的灵魂，将让你的生活更加美丽。生活的贫穷并没有让小女孩变得粗俗和野蛮，她的心依然清澈得像一汪温柔的湖水，里面满是谦和与感恩。当一个人心中有爱时，世界就会回报给你一个大大的微笑。

谦让的心，如同我们头顶蔚蓝的天空，如同大地上的海洋和山谷。谦让会让一个人变得宽容而博大，懂得感恩会让这个世界充满爱和光明。

还是面带微笑地对面包商说了谢谢，并且亲吻了商人的手。回家以后，凯丽把那块小面包交给了妈妈，当母女俩切开面包准备分享着微薄的食物时，却发现面包里竟然有几枚闪闪发光的金币。

妈妈很惊讶，连忙说："噢，亲爱的凯丽，这些金币一定是面包师傅不小心掉进去的，快把它们还回去吧。"

凯丽冲妈妈点了点头，然后便赶快跑出了家门，当她把金币一枚一枚放到面包商手里的时候，那位善良的商人却说："亲爱的孩子，这些金币是我特意送给你的。我想让你知道，一个谦让的人，一个懂得感恩的人，每一个人都愿意给予他幸福。回家告诉你的妈妈，这些钱是上帝的奖赏。"

坚守你的做人准则

300 多年前，英国建筑设计师克里斯托·莱伊恩受命设计温泽市的市政大厅。克里斯托·莱伊恩是一位拥有杰出才能的设计师，他依据自己多年的经验和丰富的工程力学知识，做出了大胆而巧妙的设计——只用一根柱子支撑天花板。

一年后，大厅建好了，但是，相关人员在进行工程验收时，却坚持认为只用一根柱子支撑天花板是非常愚蠢的做法，认为这样的设计太危险，简直是胡闹，并责令莱伊恩务必再多加几根柱子。

天才的建筑设计师据理力争，并列举了大量数据和材料证明只用一根坚固的柱子就足以保障大厅的安全。但是，莱伊恩的争辩并没有取得验收人员的信任，他的“固执”甚至惹恼了市政府的官员，险些被送上法庭。

莱伊恩陷入了深深的苦恼之中：如果坚持自己的主张，市政官员就会再找别人设计；如果不坚持，又有悖于自己的做人原则。在经过一段时间的思想斗争后，莱伊恩突然想出了一个绝妙的办法：他在大厅里增加了**4**根柱子，但事实上，这些柱子只是做个样子，并未与天花板有任何接触。

300多年过去了，温泽市的市政厅一直完好无损，没有出任何意外。直到有一年，市政府决定修缮大厅时，才发现了克里斯托·莱伊恩隐藏了几个世纪的秘密。

这个只由一根柱子支撑的大厅立即引起了极大的关注，很多建筑专家和游客都从世界各地纷纷赶来，人们都想亲眼目睹一下这座“嘲笑无知者的建筑物”。

现在，这座凝结了莱伊恩才华和人格魅力的大厅已经作为一个旅游景点对外开放，旨在引导人们崇尚科学，相信科学。

成长感悟

莱伊恩是伟大的，更是值得我们学习的，他的伟大在于他始终恪守着自己的原则，给高贵的心灵一个美丽的住所：在他遇到强大阻力时，他依然会想尽各种办法去达到目的。

每个人都应该有自己的做人原则，我们不能因为外界的阻力而轻易地改变自己。在现实生活中，很多人都为了追求一些眼前的利益而放弃了自己的原则，这样的人，他们的人格是不健全的。青少年朋友，你们应该从小就牢记这个道理，明白自己的原则是什么，明白自己的底线在哪里，要知道，一个坚守原则的人，才是一个高尚的人。

篱笆上的钉子

杰克总是喜欢发脾气。一天，爸爸给了他一袋钉子，并告诉他，以后每次发脾气的时候，就在花园的篱笆上钉一根钉子。

第一天，杰克就在篱笆上钉了**24**根钉子。第二天的情况稍有好转，钉了**19**根，第三天更好，只有**8**根……

渐渐地，杰克发现，自己控制情绪的能力得到了很大的改善。

有一次，杰克竟然整整一个星期都没有发脾气，他把这个好消息告诉了爸爸。爸爸听后笑了笑说："亲爱的杰克，从今天开始，如果你一天没有发脾气，就拔掉一根篱笆上的钉子。"

半年的时间过去了，终于有一天，杰克兴奋地对爸爸说："爸爸，篱笆上的钉子都被我拔掉了！"爸爸对杰克的表现很满意，他和儿子一起来到了花园的篱笆前。爸爸指着那些钉子遗留下的痕迹说："杰克，你做得非常棒，但是，我们来看看那些钉子留下来的痕迹吧。你看，原本光滑的篱笆条现在已经变得坑坑洼洼。你的一次次的坏脾气，最终让这个篱笆面目全非了。"

杰克听了爸爸的话，心里难过极了，他面带懊悔地对爸爸说："爸爸，我错了。"爸爸笑着说："孩子，我们做错了事，说一句对不起很简单，但是，你要清楚一点：生气时做出的很多事情是很难抚平的，就像你在篱笆上留下的钉子洞。"

成长感悟

篱笆上留下几个钉子洞也许不要紧，但是如果在朋友的心中划下伤痕，那是很难愈合的。小男孩看着篱笆上留下的钉子洞脸红了，懊悔了，那么，你是不是也为自己曾经的一些做法而感到悔恨呢？

生活中，我们难免会因为某种原因而与人产生矛盾和摩擦。如果因为一时的冲动而出口伤人，甚至动手打人，就会在别人的心中留下难以愈合的伤疤。因此，我们一定要注意自己的言行，要知道，寻找一个知心的朋友需要一辈子的时间，但伤害朋友或许也只是一两句话。

弯腰拾起的尊严

很久以前，一位挪威青年漂洋过海到了法国，当时他想报考著名的巴黎音乐学院。但遗憾的是还是没有达到考官的要求。

远在他乡，青年此时已经身无分文，他不得不来到离音乐学院不远的繁华街道，忍着饥饿在路边拉琴，通

成长感悟

对于一个人来说，尊严远远比一枚钱币、一块面包更重要。拉琴青年的高贵举动让那个无赖无地自容地走开了，而人群背后的那名主考官也被他深深打动。是的，只有自己尊重自己，才能赢得别人的尊重！

当我们的生活陷入困境的时候，有时会招致一些无端的蔑视或侮辱，甚至还会遭遇肆意践踏你尊严的人。面对这些，不必发怒，要用理性的态度去对待，以一种宽容的心态去展示并维护我们的尊严。有时候，我们弯下的是腰，但捡起来的，却是我们无价的尊严。

过卖艺维持自己的生活。

一天，有个无赖鄙夷地将钱扔在青年的脚下，青年看了看无赖，弯腰捡起了地上的钱，递过去说："先生，您的钱掉在地上了。"无赖接过钱，又重新扔到了青年的脚下，傲慢地说："这钱已经是你的了，你必须收下。"

青年男子再次看了看无赖，深深地对他鞠了个躬说："先生，谢谢您的资助！刚才您掉了钱，我弯腰为您捡起。现在我的钱掉在了地上，麻烦您也为我捡起！"无赖被青年不卑不亢的高贵气质震撼了，最终捡起地上的钱放入青年男子的琴盒，然后灰溜溜地走了。

在围观的人群中，有一双眼睛一直默默地关注着这个拉琴的青年，他就是音乐学院的那个主考官。主考官将青年带回了学院，最终录取了他。

青年的名字叫比尔沙丁，他后来成为挪威著名的音乐家，其代表作是《挺起你的胸膛》。

皮斯阿司的结局

在公元前**4**世纪的意大利，有一个名叫皮斯阿司的年轻人，他因触犯了法律，被叛处死刑。皮斯阿司是个大孝子，在被处死之前，他希望能到远方见母亲最后一面，向母亲致以深深的愧疚和歉意。

皮斯阿司的请求得到了国王的准许，但交换条件是，皮斯阿司必须找一个人来替他坐牢。这个条件看似简单，其实几乎不可能做到。试想，如果皮斯阿司一去不回怎么办？谁愿意为他担这份被杀头的危险呢？

消息传出后，人们都对这件事议论纷纷，这时，竟然有一个人出面，表示自己愿意替皮斯阿司坐牢——他就是皮斯阿司的朋友达蒙。

皮斯阿司对自己的这位朋友非常感谢。达蒙住进牢房以后，皮斯阿司骑着快马赶去与母亲诀别，人们都静静地等着事态的发展。日子一天天过去了，眼看刑期在即，可是皮斯阿司却音迅全无。所有的人都认为皮斯阿司不会回来了，大家都说达蒙上了皮斯阿司的当。

行刑那天，大雨滂沱。因为皮斯阿司的失约，达蒙只能代替他受死。当达蒙登上断头台的时候，很多人都幸灾乐祸地笑他是个傻瓜。但是，断头台上的达蒙，不但毫无惧色，反而有一种慷慨赴死的豪情。

行刑令已下，刽子手已经把刀高高举过了头顶。人们都吓得闭上了眼睛。有些好心人为达蒙惋惜，并痛恨那个出卖朋友的小人皮斯阿司。

可是，就在这千钧一发之际，大雨中一匹快马飞奔而至！马上的人高声喊着："我回来了！我回来了！"——正是皮斯阿司！这真是人世间至真至情的一幕，大多数人都不敢相信自己的眼睛，但眼前的事实不容怀疑，皮斯阿司已经冲到达蒙的身边，两个好朋友紧紧地拥抱在一起。

感人的故事传到了国王耳中，他亲自赶到刑场，要亲眼看一看自己如此优秀的子民。喜悦万分的国王亲自为达蒙松绑，并当着大家的面宣布——皮斯阿司得到赦免！而皮斯阿司以生死相托的朋友达蒙，也受到了国王重重的奖赏。

成长感悟

真正的朋友需要信任，这就是达蒙为什么敢代朋友坐牢的缘故；真正的朋友更需要忠诚，所以，皮斯阿司本可逃脱一死，仍然视死如归，在风雨中赶回。只有忠诚才能赢得信任，而因为有了信任，就一定要更加忠诚。忠诚和信任缺少一个，这个故事的结局就会完全改写。

对于青少年朋友来说，人生的道路还有很长，希望你们也能结识像达蒙这样的朋友，而自己呢，也一定应以皮斯阿司做榜样，以忠诚相报，不辜负朋友的信任，让友谊之花开得繁华、灿烂。

宽恕你的敌人

美国战争时期，有一个名叫威尔曼的人，他来自加利福尼亚州的安那罕市。这个人名声不好，因为他曾经辱骂过本城最有名的罗德神父。

后来，威尔曼应征入伍，参加了大陆军团。在服役期间，由于他辱骂神父的臭名远扬，很多人认为一个敢辱骂神父的人，肯定不是上帝善良的子民，更不可能是一个好士兵，所以都不愿跟他做朋友。后来，威尔曼被当做间谍关押起来，并被判处绞刑。

罗德神父听了这个判决，很是震动，他想如果仅凭他对神父的辱骂，就要判定他间谍的身份，甚至处以绞刑，这样也太残酷了。于是，罗德神父走了60英里的路，去费城为威尔曼求情。

当他向当时的陆军将领华盛顿先生恳求的时候，将军说："非常抱歉，但是我不能同意你想救你朋友一命的请求。"

"将军，他不是我的朋友，"罗德神父辩解道，"他是我的仇敌。"

"你是说你走了60英里的路，为的就是为你的仇敌求情？那这个问题就不一样了，我可以同意你的请求。"

于是，华盛顿将军签署了一份特赦令，交给罗德神父。

罗德神父拿着特赦令，走了20英里的路，终于来到了威尔曼即将被处死的地方。但威尔曼看到罗德神父时，他大笑，跟身边的囚犯同伴高声说道："看哪，老罗德来了，他仇视我，来看我是怎么被绞死的。"

成长感悟

希望仇敌受到惩罚和报复，这是人的本能反应。但这种反应并不是善良的人应该行事的方式，高尚的精神会要求我们对所有的人和事都一视同仁，无论是你的朋友，还是你的仇敌。

故事中的罗德神父，是一位真正怀有宽容之心的人，威尔曼虽然曾经辱骂了他，但他却没有落井下石，反而亲自去拯救他。青少年朋友，在这篇短短的闪耀着人性光辉的故事中，你是不是感悟到了什么呢？

罗德神父听了这句话，并没有发怒，他只是很急切地推开人群，然后把特赦令交给了监刑官。就这样，威尔曼被释放了，他明白是罗德神父救了自己，但他始终不明白的是，为什么被人辱骂的罗德神父会救自己的仇敌。

第一百位客人

一个小饭馆里走进了两位客人，一位是头发花白的老爷爷，另一位是活泼可爱的小男孩。男孩拉着爷爷的袖子，小声说："爷爷，我饿了，我想吃牛肉面。"

爷爷摸了摸干瘪的衣兜，低下头慈祥地对小男孩说："好孩子别着急，爷爷这就给你买牛肉面。"

接着，老人问小饭馆的老板："请问，一碗牛肉面要多少钱？"

老板回答说："老大爷，牛肉面 **3** 块一碗。您来几碗？"

"一碗就好。"老人找了张桌子，拉着小男孩坐了下来。只见老人从衣兜里摸出一把零钱，数了好一会儿，然后对孙子说："正好够一碗牛肉面。"

牛肉面端上来了，爷爷小心地把碗推到小男孩面前，微笑着说："孩子，快吃吧，香着呢。"

"爷爷，您不吃吗？"小男孩问道。

"爷爷不饿，你吃吧。"爷爷边吃着桌子上的萝卜咸菜，边笑着回答孙子。

柜台后的老板看到这里，走过来对爷孙俩人说："大爷，恭喜您，您今天的运气真好，您是我们今天的第一百个客人，所以今天免费送您一碗牛肉面。”

一个月后的一天，小男孩蹲在了这家小饭馆的门外。他看着客人们一个个走进小饭馆吃饭，默默地数着。小男孩在等待，他希望自己是今天的第一百个客人，因为第一百个客人是幸运者，会免费得到一碗牛肉面。

“81，82，83……98……”当小男孩数到99后，赶快拉着自己的爷爷走进那家饭馆。

“爷爷，这次我请客。”小男孩很得意地说。

小饭馆的老板看着这个有心的小男孩，心里非常感动，他微笑着对小男孩说：“你真幸运，你又成为今天的第一百个客人啦，我们会再次送你一碗牛肉面的。”不一会儿，牛肉面端上来了，小男孩把面推到了爷爷的面前：“爷爷，你吃吧。”说完，他也学着爷爷的样子，嘴里慢慢嚼着萝卜咸菜。

“好孩子，你也吃点吧，我吃不完这么多面。”爷爷眼睛湿润了。

“爷爷，我不饿，你看，我肚子还鼓鼓的呢。”小男孩拍拍肚子，开心地对爷爷说。

成长感悟

长幼之间的互相关怀，实在让人动容。是的，关爱是一种无声但令人震撼的力量。小饭馆的老板被这关爱的力量震撼了，他编造了一个充满着同情和爱心的谎言：第一百位客人可以免费得到一碗牛肉面。

从老爷爷、小男孩以及那位善良的面馆老板身上，我们看见了人性的光辉，我们看见了爱的力量。正如一首歌中唱到的：如果人人都献出一份爱，世界将变成美好的人间。

富兰克林的行为准则

富兰克林是18世纪美国著名的政治家、外交家、哲学家、文学家、航海家以及美国独立战争的伟大领袖。有人评论称，富兰克林是“资本主义精神最完美的代表”。正是这样一个传奇式的人物，他为人处世的方法和做人的准则是值得很多人学习的。

富兰克林年轻求学时，由于能力很强，成绩很好，所以表现得心高气傲，甚至是目中无人，就是走路的时候也都是仰着脸。

一次，富兰克林去拜访一位著名的教授，不料在进门时被门框狠狠地碰了一下，额头上立即出现了一道红印。被撞的富兰克林简直是狼狈不堪，他一边揉着被撞的额头，一边生气地盯着那道比一般住所要矮很多的门框。

这时，教授从里面出来了，对着富兰克林说道："年轻人，撞疼了吧？如果你要懂得生活，在人生中少磕磕绊绊，你就要学会该低头的时候就低头。这是你今天到这里最大的收获。"富兰克林很惭愧，感谢教授给自己上了很重要且很难忘的一节课。

接着，教授意味深长地说："趾高气扬体现在许多年轻人的身上，他们总是爱把自己评价得过高，直到某天撞上了矮矮的门框，才后悔自己把头抬得过高。其实，要想穿过一扇门，就要让自己的头低过门框，而要想登上山峰之巅，就必须低头弯腰，努力向上攀登。"

成长感悟

法国文学家雨果曾说："谦虚比骄傲有力量得多。"青少年们，你们在生活中是不是也曾经因为自己的一些小小的成绩而骄傲自满、总是把头抬得高高的呢？学会谦虚谨慎吧，这种高尚的品德会让你们收获更多。

谦虚是最能令人信服的美德。饱满的麦穗总是将头深深地埋下。位置站得越高的人越懂得低头，只有放低自己，才能看到别人的高度。

Chapter

06

重视细节——雕琢未来的完美刻刀

在紧张的学习生活中，忽略细节是10~18岁的孩子最容易犯的错误。有人说，细节决定一个人的成败。因此，作为青年人，要想取得成功，你需要注重细节，只有精雕细刻，才能成就最美的雕像。任何伟大事业的成功都是由无数个不起眼的细节积累而成的。不注重细节，你将与成功失之交臂。

完美在于精雕细刻

一次，有个朋友去拜访米开朗基罗，看见他正在为一个雕像做最后的修饰打磨。看着这座完美的雕像，朋友赞不绝口："哎呀，这真是一件了不起的艺术品!"

过了一段时间，那位友人又去拜访米开朗基罗，想看看他又有什么新的作品问世。可是，当这位友人来到米开朗基罗家后，却发现他仍然在修饰那尊雕像。

朋友很不解，他觉得米开朗基罗这是在浪费时间。朋友有些不满地对米开朗基罗说："我的天才的艺术家，你怎么还在弄这座雕像？你不该停滞不前把时间白白浪费掉啊!"

米开朗基罗笑着回答朋友："你看，表面看这座雕像很完美了，但是其实细部还有一些缺陷，不仔细看是看不出来的。我得再想想，再看看。"

又过了一段时间，那位朋友想，这次米开朗基罗一定开始着手新的杰作了，我要去一睹为快！那位朋友坐着马车赶到了米开朗基罗的家里，可是，令他万万没想到的是，米开朗基罗还在对着原来那尊雕像冥思苦想着。这位关心米开朗基罗的朋友生气了，这一次，他用有些责备的口吻对米开朗基罗说："我看你的行动也太慢了，时间是宝贵的，你怎么能在一座雕像上耗那么久呢，甚至看起来一点进展都没有。我的大艺术家，我都替你着急了!"

米开朗基罗看着朋友生气的样子，心平气和地笑着对他说："表面上看我是在浪费时间，其实我花费这么多精力打磨这座雕像，目的是让这座雕像看起来更完美一

成长感悟

很多人都想追求完美，因为完美的人和事少之又少，让人可望而不可及。于是，很多人就去创造完美。但，完美究竟在哪里呢？它藏于细节之中，藏于精雕细刻之中。要知道，千里之堤毁于蚁穴，细节往往决定着成败。因此，一定要从细微处着眼，不放过任何一处瑕疵。

些。比如，让眼睛更加有神，皮肤更加细腻，颜色更加美丽，某部分的肌肉显得更加有力等。这些都是我所要精心修饰的。我要的是一件不能有丝毫瑕疵的完美艺术品，任何一个细节我都不会放过。”

朋友沉默了，他看着米开朗基罗平静但认真的表情，重重地点了点头。而那尊被米开朗基罗精心打磨的雕像，就是文艺复兴时期甚至整个世界艺术史上最为伟大的作品——《大卫》。

不注重细节的学生

在某医学院，一位解剖学的教授给他的学生上了第一堂课，而这堂课是他的学生终生难忘的。

课堂上，教授对他的学生说：“作为一个医生，最重要的是胆大心细！”

说完，教授便将一根手指伸进桌子上的一杯尿液里，再把手指放进自己的嘴里，然后满意地点了点头，接着又将尿液递给他的学生，一个接一个地尝试。

看着每个学生都皱着眉头，忍受着尿液的臊味，学着老师的样子探入尿杯里蘸了一下，然后把手指塞进嘴里。

看着想呕吐的学生，教授微笑着摇了摇头说：“不错，你们每个人是够胆大，只可惜你们还不够心细。你们只是注意我用手指蘸了一下尿液，但是没有人注意我探入尿杯的是食指，而放进嘴里的却是中指。”

成长感悟

细节能见证品质，细节也能决定成败。故事中的学生足够胆大，却不够心细，也正因为他们的疏忽，最后只得“品尝”臊臭的滋味。

小事成就大事，细节成就完美，有些时候，使人疲惫的不是远方的一座高山，而是鞋里的一粒沙子。如果想比别人更优秀的话，就一定要在细节上下功夫。

完美的自由女神像

1886年，美国成立100周年，法国将自由女神像赠送给美国，作为美国独立100周年的礼物。

这座自由女神像高约46米，女神的外貌设计源于雕塑家的母亲，而女神高举火炬的右手则是以雕塑家妻子的手臂为蓝本做的。自由女神像的雕塑者叫做弗雷德里克·奥古斯塔·巴托尔迪，他为了这座雕像，历经10年之久，流下了无数汗水，终于刻出每一个完美的细节，即使是最细微、最不可能为人所注意的部位也没有丝毫马虎，他甚至不考虑自己精心雕刻的某些细节可能人们永远都不会看到。毫无疑问，弗雷德里克·奥古斯塔·巴托尔迪的名字将和自由女神像一样流传千古，他向人们传递的自由精神将会被千万代的人所铭记。

到了今天，这座雕像已经成为美国最具代表性的景观之一，而且随着时代的发展，自由女神像历经沧桑，它几乎已经成为全球所有为自由而奋斗的人心目中神圣的向往。

成长感悟

当弗雷德里克·奥古斯塔·巴托尔迪把无数个完美细节堆积在一起时，伟大的艺术品就诞生了。细节是一种创造，细节是一种功力，细节表现修养，细节体现艺术。青少年朋友，微小并不代表简单！如果你想将来在自己的领域中获得一份成就，那么，从现在开始就从细节入手吧！

一根铁钉与一个王朝

1485年，英国国王理查三世与亨利伯爵在波斯沃斯展开决战。这场战斗将决定由谁来统治英国。

战争开始前的晚上，国王理查三世派马夫备好自己最喜欢的战马，并让马夫催促铁匠为国王的战马钉掌。由于钉片已经用完，铁匠需要一些时间寻找新的钉片。

然而，得到命令的马夫不耐烦地催促铁匠说：“快点给国王的马钉掌，国王明天要打头阵，要不然就等不及了。”

铁匠回答道：“你需要一些耐心，前几天给战马钉掌太多，钉子和铁片基本上都用完了。现在我需要时间找来钉子和铁片。”

马夫很不耐烦地喝道：“上帝，我都已经听见军号声了，战争马上要开始了，我等不及了。”

铁匠埋头干活，从一根铁条上弄下四个马掌，把它们砸平、整形，固定在马蹄上，然后开始钉钉子。钉了三个掌后，他发现没有钉子来钉第四个掌了。

铁匠告诉马夫，现在就剩最后一个铁钉了，你不要着急，我需要寻到第四颗铁钉。过了一会儿，第四颗铁钉终于找到了，铁匠准备钉上，但已经来不及了。

着急的马夫牵着战马就往外面走去。铁匠说：“第四颗钉子还没钉，你不能把战马带走，要不然松动的铁片会绊住马蹄，国王会很危险的。”

马夫说：“那就将就着吧，不然，我的小命就没有了。你可知道，延误战时，国王会降罪于我，砍我的头。”

就这样，国王的战马的第四个马掌少了一颗钉子。

战斗开始了，理查三世冲锋陷阵，冲在前面指挥战斗。

在厮杀激烈进行时，意外发生了，理查三世胯下的战马因为突然掉了一只马掌而身体失衡，结果他栽倒在地，惊恐的战马脱缰而去。

成长感悟

千里之堤，溃于蚁穴，一个庞大的军队，竟然被区区一颗小铁钉毁掉。很多人往往心存侥幸，听到劝诫时，总是将其当做耸人听闻的耳旁风，但当亲身体验到其中的滋味时，常常为时已晚。

英国著名文学家狄更斯曾说：“在艺术创作中，细节就是上帝。”其实何止是艺术，生活中很多事情的成败都往往取决于细节。牵一发而动全身，不注重细节你将会失去很多。

看到国王掉下战马，后面的士兵纷纷撤退，这时，亨利的军队包围上来，活捉了理查三世，并一举消灭了理查三世的军队。

在绝望中，理查三世挥剑长叹，说："上帝，我的王国竟然毁在一颗铁钉上。"

于是，英国流传着这样一首歌谣："缺了一个铁钉，少了一只马掌。少了一只马掌，失了一匹战马。失了一匹战马，败了一场战役。败了一场战役，失了一个国家。"

洛伦兹的"蝴蝶效应"

1963年，美国气象学家爱德华·洛伦兹教授曾在一篇提交给纽约科学院的论文中提出"蝴蝶效应"。对于这一效应，最常见的阐述是："一只蝴蝶在巴西轻拍翅膀，可以导致一个月后德克萨斯州的一场龙卷风。"

洛伦兹教授之所以会得出这样的观点，并不是凭空臆断，而是完全建立在他多年的实践和科学研究的基础之上。

为什么会出现这种现象呢？

洛伦兹教授这样解释：蝴蝶翅膀的不断闪动会引起周围的空气系统发生极其微妙的变化，这些变化的幅度虽然小得让人难以感受得到，但是它会形成一股微弱的气流。这种微弱的气流会引起四周空气相应的变化，随后又会引起一系列的连锁反应。从而导致整个大气系统发生更大的变化。最终将很可能在遥远的地方发生一场

成长感悟

当蝴蝶展开翅膀翩翩起舞时，可能谁也想不到，微弱的气流竟然可以让大洋彼岸发生翻天覆地的变化。但是，这就是细节中蕴藏的巨大玄机，正如法国一位建筑学家所说：细节是一位魔鬼。

生活当中，很多看似偶然的大灾难，其实在很久以前就有可能已经由某些不被人们所注意的细节决定了。因此，我们不应该忽略生活中的任何细微的事物。

猛烈的龙卷风。

也许经历过或者听说过龙卷风的人，都会对它印象深刻，甚至是深感恐惧，这是因为猛烈的龙卷风以其巨大的力量摧毁一切牢固的东西，它的破坏力是难以想象的。然而，面对这么强大的一股力量，有谁会想到这是因一只蝴蝶翅膀那微弱的扇动力而引起的。

为何你总是落后

有两个同龄的年轻人同时去一家店铺干活，并且两个人刚开始拿着一样的薪水。

过了几个月，那个名叫安吉拉的年轻人青云直上，不但薪水涨了两倍，而且还升了职。然而，与他同时进去的另一个年轻人拉吉德却依旧在原地踏步，工作平平淡淡，从来没有取得过什么大的成绩。

拉吉德对老板的不公平很不满意，终于有一天他发牢骚了。老板一边耐心地听着他的抱怨，一边在心里盘算着如何向他解释他和安吉拉之间的差别。

第二天一早，老板就让安吉拉和拉吉德去市场看看，然后回来说一下市场上的情况。

下午，两个人回来了，分别向老板报告市场上的情况。

"拉吉德先生，"老板开口说道，"您早上去市场考察了，我想问问市场上卖价最好的商品是什么？"

拉吉德汇报说："我看市场上买卖的商品很多，没有注意哪种商品卖价最好。我这就去问问情况。"

过了一会儿，拉吉德回来了，说："目前市场上卖得最好的是苹果。"

"有多少？"老板问。

拉吉德又跑到市场上，然后回来告诉老板，一共有**38**箱的苹果。

"价格多少？"拉吉德第三次又跑到市场上，问了一下价钱。

"好吧，拉吉德先生，"老板对他说，"现在请你坐在这里，一句话也不要说，看看别人怎么说。"

很快，安吉拉进了老板的办公室，向老板汇报了他一天的考察情况。他说，今天市场上行情最好的是苹果，只有一家在卖，并且仅仅有**38**箱，每千克**12**元。苹果的质量很不错，他还带回来一个给老板看。

另外，那个苹果商**11**点多还进了**21**箱香蕉，价格还比较合理。他认为，昨天自家商店的香蕉卖得很快，库存已经不多了，他想这么便宜的香蕉老板肯定会同意进一些的，所以他不但带回了一只香蕉，而且还把那个卖香蕉的老板也请来了，正等着老板回话呢。

此时，老板转向了拉吉德，说："现在您可以明白安吉拉的工资为什么比你高，升职快了吧？"

成长感悟

一个注重细节的人是很容易获得成功的，就像故事中的安吉拉。他通过对市场的细致考察，不但掌握了市场的大致情况，而且还从中发现了商机，更加得到了老板的赏识。

青少年朋友，你是不是也像安吉拉那样细心地去观察生活，注意身边的每一个细节呢？细节决定成败，一个注重细节的人，往往能发现别人看不到的东西，也才有可能去把握别人轻易错过的机会。所以，从现在开始，做一个有心人吧！

一个小数点带来的悲剧

1967年**8**月**23**日，这是一个令人难忘的时刻。前苏联著名宇航员弗拉米而·科马诺夫独自一人驾驶联盟一号宇宙飞船，经过一昼夜的飞行终于完成了任务，准备

成长感悟

由于一个小数点的疏忽造成了飞船的坠毁，教训何其深刻！

其实生活中也有很多这样的例子，很多时候，我们做一件事费了九牛二虎之力，眼看马上就要成功了，却因为一个小小的细节而前功尽弃。因此，青少年朋友，要记住，细节是我们不能忽视的。只有做到一丝不苟，不放过任何一个小小的细节，才能把错误遏制在萌芽状态，才能不断取得进步。

胜利返航。

此时此刻，全国的电视观众都在收看宇宙飞船的返航情况。当飞船返回大气层以后，科马诺夫准备打开降落伞，用来减慢飞船的速度。然而，无论科马诺夫怎么努力，降落伞也无法打开，地面指挥中心采取了一切可能的援救措施帮助他排除故障，但都无济于事。

电视播音员不得不以沉重的语调宣布："联盟一号宇宙飞船由于无法排除障碍，不能减速，两小时后将在着陆地附近坠毁。我们将目睹民族英雄科码诺夫殉难。"

然而，在人生的最后时刻，科马诺夫并没有沉浸在悲伤和绝望之中，他十分坦然和从容地向家人做最后的诀别。

科马诺夫对伤心的女儿说："爸爸要走了，告诉爸爸，你长大了干什么？"

女儿回答说："像爸爸一样做一个优秀的宇航员。"

科马诺夫笑了，他以诚恳的态度告诉孩子："孩子，你很棒。但我要告诉你，也告诉全国的孩子，请你们认真学习，认真对待每一个小数点，每一个标点符号，联盟一号今天发生的一切，就是因为地面检查时忽略了一个小数点。这一场悲剧也可以说是一个小数点的疏忽，请孩子们都记住它吧！"

一颗纽扣酿成的恶果

某国家进行军事演习，演习将由陆海空三军联合进行。

这次军事演习举世瞩目，很多国家的领导人都来参加。整齐的方队、严肃的军容和各种尖端武器都博得了所有参观者的一致赞赏。

随着演习的进行，一架战斗机被运到了演习现场。这是当时世界上最先进的战斗机，它的战斗装备绝对是世界一流。在这次演习中，一位该国最优秀的飞行员将驾驶这架战斗机翱翔在蔚蓝的天空。

在对战斗机进行了全方位的检测后，飞行员精神抖擞地进入机舱，启动了飞机。所有人都怀着激动的心情把目光投向启动的飞机，期待着即将上演的飞行表演。

但是，让人意想不到的意外发生了。战斗机机身发生了剧烈的震动，刚刚起飞便滑落在跑道上，紧接着就传来了巨大的爆炸声。顷刻间的机毁人亡，让在场的所有人都屏住了呼吸。

原本激动人心的军事演习变成了触目惊心的惨剧。科研人员对这次事故发生的原因百思不得其解。飞机的各项检测指标都非常正常，而飞行员的技术更是无可挑剔，那么，究竟是什么原因导致了这场惨剧的发生呢？

随着调查工作的不断展开，谜底被揭开了，可是结果却让人难以置信——事故发生的原因，竟是飞行员衣服上的一颗纽扣！

原来，就在飞机起飞的一刹那，飞行员衣服上的一颗纽扣掉进了仪器当中，阻碍了仪器的正常运行，其他部件的运转随之失灵。一颗小小的纽扣，竟然毁掉了一架高尖端的战斗机！

成长感悟

本该是一场完美的演习，却因为一颗不起眼的纽扣，造成了严重的后果。可以说，每一次完美的成功都源自于每一个细节的完美。同样，任何一次重大的灾难，也常常来源于一些不起眼的细枝末节上的失误。

因此，万事马虎不得，切记要认真仔细，不可忽视任何一个细节。也许你一个小小的失误，就会带来一场意想不到的灾难。

心算大师的失算

哈乌特从小对算术比较敏感，他的父亲从小就开始对他进行心算练习。经过几年的刻苦训练，哈乌特终于成为一名出色的心算大师。他能够在别人说完需要计算的数字之后，马上说出正确的答案。哈乌特出色而自信的表演，使很多人都想一睹其风采。

在一次大型心算比赛中，哈乌特作为重要人物被邀请。这一次，哈乌特同样信心十足地站在了台前进行表演。台下的大多数人都是带着小型计算机来的。他们一方面是想验证一下哈乌特的心算技能，另一方面也想看一下人脑与电脑到底哪一个反应更快。

在表演期间，人们一个接一个地为哈乌特出题，题目的类型可以说是五花八门，运算极其复杂，数字也更为庞大，很显然他们是有意为难这位心算大师，同时也想证实一下这位心算大师究竟有多么强大。表演进行了很长时间，换了一波又一波的出题者，但是他们都没有难倒他。哈乌特看着他们一个又一个地走下台去，心里更加得意。

在哈乌特暗自得意之时，一个看起来十一二岁的孩子上来了，这是一个6年级的小学生，脸上是一片稚嫩，但表现得非常严肃。哈乌特想："眼前的这个小学生肯定又是想要难倒我的，这可是一场游戏，何必那么认真呢？"

小学生刚一上来，就说出了要出的题目内容：

"有一列火车要开往某一个地方，在始发站上一共有7126人上车，在经过第一个车站时下车13人，上车93人；下一个车站又下了24人，上了89人。"听到这里，哈乌特微微笑了一下，心想，如此简单的加减算法，就想拿过来难为我，也太幼稚了吧。

小学生继续说着自己的题目，“下一站又下了 **41** 人，上了 **63** 人；再下一站下了 **52** 人，上了 **68** 人；再下一站下了 **94** 人，上了 **77** 人；再下一站下了 **59** 人，上了 **162** 人；再下一站下了 **195** 人，上了 **67** 人。”说到这里小学生停了一下，哈乌特一副志在必得的样子，但是他却装作谦虚大度地对那个小学生说：“孩子，你还可以接着提问的，请问还有吗？”

小学生依然是一副严肃的样子，他说：“当然有，火车一直向前行驶，到下一站又下去 **295** 人，上来 **24** 人；再下一站下去 **82** 人，上来 **35** 人，再下一站下去 **673** 人，上来 **15** 人。”

小学生又停了下来，此时的哈乌特真希望这个孩子能说出一个有难度的题目，因为简单的加减运算对他来说早已没有难度了。但哈乌特依然表现得很有礼貌，他对小学生说：“孩子，如果你的题目到此为止的话，我想我已经知道火车上剩下多少人了。请问你的题目说完了吗？”

小学生看了看哈乌特，“只剩下一句了，”然后他大声地说，“我问的不是火车上还有多少人，我想知道的是这列火车沿途一共经过了多少个站点。”听到小学生最后的一句话，哈乌特顿时一愣，一句话也说不出来了。

成长感悟

面对五花八门的运算，面对庞大的数字，哈乌特都很从容很自信地回答正确，然而面对一个小学生的提问，他却答不出来。其中的原因不在他的能力，而在于他对事情本身的态度。面对大风大浪人们会集中精力，而对于小小的沟渠却少了几分小心。

注重细节的福特

1905 年的一天，在美国的一条公路上，发生了一起严重的车祸，重大事故发生以后，除了警察出现在现场，还有一个汽车厂的老板，他就是后来闻名世界的汽车大王亨利·福特。

为什么福特也赶到这里了呢？

原来，这位精明的老板希望能从撞坏的汽车上找到一点别人的秘密。

细心的福特仔细检查了每一辆被撞汽车的损害程度，突然，他被地上一块亮晶晶的碎金属片吸引了。这块碎片是从一辆法国轿车的阀轴上掉下来的。粗看这块碎片并没有什么特殊之处，然而，这块金属的光亮和硬度使福特深深感到，这其中肯定隐藏着巨大的秘密。

于是，福特把碎片拣了起来，悄悄地放进了口袋，准备回去好好研究一下它的质地。

研究报告很快出来了，这块碎片中含有少量的金属钒：弹性很好，韧性也很强，坚硬结实，具有很好的抗冲击力和抗弯曲能力，而且不容易磨损和断裂。

同时，公司情报部门也送来了另一份报告，结论认为，法国人似乎只是偶然使用这种含钒的钢材。这表明，法国其他轿车上并没有都使用这种钢材。

这两份报告给福特带来了启示，于是他下令立刻试制钒钢。试用的结果让福特很满意，接着下令把这种钒钢大量使用到自己公司制造的汽车上，迅速占领美国乃至世界市场。

几十年以后，福特汽车公司成了世界上最大的汽车生产厂商之一，福特曾高兴地说："假如没有钒钢，或许就没有汽车的今天。"

成长感悟

一块小小的金属片，成就了福特庞大的汽车王国。看似细微的东西中，往往蕴藏着无限巨大的秘密。如果你有一颗善于发现的心，那么也许在一些微妙的细节里，你将会找到属于自己的宝贵机会。

一个不注意细节的人，永远不会成就大事业。如今更多的人提出："细节决定成败，习惯成就人生。"这句话说起来容易，但能够把它付诸实践的人却少之又少。

大象与蚂蚁

一只身强力壮的大象，在漫漫的荒野中行走。突然，脚下有一块硬硬的石头划伤了它，血顺着脚趾细细地往外渗透着。

虽然感觉到点点的疼痛，但大象并没有在意，它想，这样一点小小的伤口不会危及到它的生命，这样一点伤口与它的强壮身躯相比，简直是微不足道。

就这样，大象带着小小的伤口继续向前行走着。

可就是这小小的伤口散发出的血腥气，吸引来了嗜血的红蚂蚁，闻到血腥的成千上万只红蚂蚁爬上了大象的身子。疼痛的大象倒地乱滚，希望能借此减少一些疼痛，还是无济于事。

一会儿，大象便没有力气了，无数只蚂蚁在大象身上撕咬着。两天过去了，在那片荒野中，只剩下一架完整的大象骸骨。也许庞大的大象怎么也想不到，一个小小的伤口，竟然让它变成了一副骨架。

成长感悟

小小的伤口和大象庞大的身躯相比，好像真的算不了什么，但是，正是这小小的伤口，最后居然葬送了大象的性命。

类似的情景在现实生活中也时有发生。俗话说：“大江大海容易过，小河沟里却翻了船。”很多时候，我们并不是败给了强大的对手，而是败在不起眼的小事上。

寻找丢失的骆驼

商人在荒漠中寻找一头走丢的骆驼，可是，找了很久都没有找到。眼看天逐渐黑了下来，没办法，商人只得先找落脚的地方，然后再想办法继续寻找。

第二天一早，商人就牵着其他的骆驼上路了，他一边走一边询问路人有没有人看到一头骆驼。过了一会儿，

成长感悟

丢失了骆驼以后，商人没有经过仔细考虑便开始盲目寻找，这显然不是解决问题的办法，而那位路人通过对细节的观察，很快便判断出骆驼行走的路线，找到它也就变得容易多了。做事情就是这样，如果你重视细节，那就会取得事半功倍的效果。

细心的人往往是见一叶可以知秋，能够从极其细微的事物中把握大局。有时候，小问题可能会引起大祸患，小变化可能会引起大事件，所以我们要时刻注意身边的小事物，切不可大意轻视。

他看到沙丘旁有一个人在休息，就向前问道："请问您有没有看到一头走丢的骆驼？"

那人看了看他，微笑着问道："你的骆驼是不是有一条腿瘸了，而且还瞎了一只眼睛，背上驮着的东西好像是谷子？"

商人非常高兴，说道："您见过我的骆驼！能告诉我它往哪个方向走了吗？"

路人很抱歉地说："不好意思，我根本没看见你的骆驼，我说的那些特征也只是我猜测出来的。"

商人很纳闷，心想："你没看见，怎么能猜得这么准确，说不定是你偷了我的骆驼，不想还给我，就说没有看见。"于是，商人很生气地说："你既然知道得这么清楚，那就证明你肯定见过那头骆驼，请你赶快告诉我骆驼在哪里？"

路人依然说自己没有见过那头骆驼，并解释说："虽然我没有见过那头骆驼，不过我应该可以推测出它是往哪个方向走的，根据我的推测，你很有可能找到那头骆驼。"

商人不相信，就和路人打赌，如果按照他的推测能够找到骆驼，他就会把那只骆驼送给这个人。结果，路人带着商人去寻找，果然在3天后找到了那头丢失的骆驼。商人惊讶极了，他问道："请问您是怎么知道骆驼的行踪呢？"

路人是这样解释他的推测过程的："那头骆驼的脚印三只一样深，而只有一只脚印明显比较浅，足以表明那头骆驼很可能有一条腿瘸；而且那个地方的路两边都有一些细嫩的小草，而只有一边的被啃光了，另一边却丝毫未动，可以表明这只骆驼那侧的眼睛一定看不到东西；

至于骆驼背上驮的东西，从道路两边洒下的细碎谷子就可以看出来。”

说完这些之后，路人接着对商人说：“通过对骆驼脚印的观察不难看出那头骆驼的前脚一直朝西，而且它一直是一边吃一边走，可以由此推测那头骆驼很可能还会朝西一直走下去，而且走得不会太远。所以，我们顺着这条路往下走，当然可以找到你的骆驼了。”

Chapter

07

懂得爱自己，更要爱周围的每一个人

伟大的作家高尔基告诉我们：“你要记住，永远要愉快地多给别人，少从别人那里拿取。”最大的成功，就是让别人的生活因为有了你的存在而变得更加美好。

关心是一种付出，关心是一种奉献，关心是一种美德，青少年朋友，让我们从生活中的一点一滴做起，学会理解，学会关心，学会做人。“爱人”是帆，“爱己”是船，只有彼此的推动和支撑，才能使爱心常存、爱意永驻。

爱·财富·成功

这是一个平安夜，在一间简陋的房子里，一家三口正围坐在一起，准备吃他们的晚餐——几块干面包和几片胡萝卜。这是一个贫困的家庭，每天都必须节衣缩食，可即便如此，他们依然常常因为饥饿而发愁。

这时，门外突然传来了敲门声。女主人起身去开门，她惊讶地发现，门外站了三位风尘仆仆的老人。

“事情是这样的，”站在最前面的老人说：“我们三个是上帝派来的，上帝知道你们是一个贫困但和睦温暖的家庭，所以派我们来帮助你们。我叫成功，和我一块来的还有爱和财富。你们只有一次选择的机会，现在请开始吧。”

丈夫听到老人的话，飞快地跑到了门口，一脸兴奋地对着妻子大喊道：“这简直太好了，亲爱的，我们把财富请进来吧，这样我们的生活条件就会有很大的改善了。”

妻子这时却提出了自己的意见：“亲爱的，我们还是选成功吧，有了成功，就会有鲜花和掌声，就会有一切！”

这时，这对夫妻的孩子走到了父母面前：“爸爸妈妈，我觉得我们还是把爱请进家门吧！有了爱，我们不就更加幸福了吗？”夫妻俩愣住了，孩子的话让他们陷入了沉默，他们觉得，孩子的选择才是最正确的。夫妻俩相视一笑，他们摸着孩子的小脑袋说：“对！我们还是把爱请进来吧！”

然而，让一家人意想不到的是，当他们把爱请进家门后，财富和成功也跟了进来。

三位老人微笑着对这一家人说：“只要有爱，就会有

成长感悟

如果让你在财富、成功和爱之间做出选择，你会选哪一个呢？有些时候，我们在面对这个竞争激烈的社会时，往往迷失了自己，我们很可能会做出错误的选择。孩子的心灵是纯洁无暇的，他选择了爱。是的，在这个世界上，爱才是最弥足珍贵的东西。

财富和成功对于每个人来说不是最重要的，重要的是心中是否有爱。有了爱，就不会惧怕身无分文，也不会觉得困苦，哪怕是身处人生的低谷也不会放弃希望。有了爱，就等于拥有了通向天堂的金钥匙，善用它，一切都会结伴而来。

成功和财富。这就是上帝的旨意!”

时光会承载所有的爱

从前有一座神奇的小岛，岛上居住着所有的情感：快乐、忧愁、富有、虚荣、理想……当然还包括爱心。有一天，上帝告诉情感们，这座海岛将会沉没。于是，情感们各自收集木料做起了船只，准备逃离这里。

只有爱心去帮助别人，忘了做自己的船。当海岛即将沉没的时候，爱心有些慌了，它决定求助。

富有乘着一艘快船从爱心身旁驶过，爱心恳求道：“富有，你能带上我一起走吗?”富有摇摇头说：“不行，我的船上都是珠宝，带不了你了。”

虚荣也乘船从爱心身旁驶过，爱心又对虚荣说：“虚荣，请帮帮我吧!”虚荣也摇摇头说：“不行，你看你身上都是海水，会弄脏我的船的。”

这时，忧愁过来了，爱心又求助道：“忧愁，让我跟你一起走吧。”“不……爱心，我现在很难过，我想一个人静一静。”

所有的情感都从爱心身边驶过了，可是没有一个人愿意帮它。海岛在一点一点地沉没，爱心有些绝望了。可是就在这时，突然有个声音说：“来吧！爱心，我带上你。”说这话的是一位长者。

爱心喜出望外，它赶忙坐上了长者的小船。到了岸边后，爱心突然想起还没来得及问救命恩人的姓名，于是它问道：“请问您是谁啊，我原来没见过您。”

这位长者亲切地笑了笑，说：“我叫时光。”

成长感悟

这是一则寓言故事，当爱心惊慌失措时，时光拯救了它。确实，爱就像一缕春风，它吹过原野，原野就长满鲜花；它吹过人的心灵，心中就会充满温暖和幸福。在这个世界上，唯有爱心可以经得住时光的考验。

莎士比亚曾说：“慈悲不是出于勉强，它是像甘露一样从天上降下尘世；它不但给幸福于受施的人，也同样给幸福于施与的人。”青少年们，希望你们也能心中有爱，用爱心去关怀身边的每一个人。时光会记住你的爱，会承载你的一颗真诚的心，你获得的，将是永恒的幸福。

你要为你的冷漠付费

1935年，纽约市长拉瓜地亚在一个法庭上旁听一桩盗窃案的审理，被指控的嫌疑犯是一位白发苍苍的老妇人。她的脸呈灰绿色，一看就知道她的健康状况极其糟糕，患有严重的营养不良。

案件其实很简单，老妇人在偷窃面包时，被面包店的老板当场抓住，并送到了当地警察局，最终被指控犯了偷窃罪。

面对表情严肃的法官，老妇人显得非常可怜，她用颤抖的声音说："是，我承认。我确实偷了面包，我需要面包来喂养我那几个饿着肚子的孙子，要知道，他们已经两天没吃到任何东西了。如果我不给他们点东西吃，他们会饿死的……"

听完被告的申诉，法官冷若冰霜地回答："尽管如此，我还是必须秉公办事，维护法律的尊严，你可以选择1000美元的罚款，或者是10天的拘役。"

判决宣布之后，一直坐在旁听席上的市长拉瓜地亚站了起来。他摘下自己的帽子，往里面放了1000美元，然后转身对着旁听席上的其他人说："现在，请在座的每一个人另交50美元的罚金，这是为我们的冷漠付费，以处罚我们生活在一个要年迈的老祖母去偷面包喂养孙子的城市。"

旁听席上的气氛变得肃穆起来。所有的人都惊讶极了，但是每个人都默默地拿出50美元捐了出来。

成长感悟

那位法官的审判结果令人心寒，他在惩罚老妇人的同时，也在用一条无形的鞭子抽打人类的良心。人们的爱心都跑到哪里去了？如果大家都拿出一点爱，那老妇人还会为了养活自己的孙子而去行窃吗？

有人说，当今社会，爱的反义词并不是恨，而是冷漠。冷漠阻止了所有的阳光进入心门，让这个世界变得一片阴冷。青少年朋友，请从我们自身做起，拿出一份关爱和温暖，去融化世界上的冷漠吧，让世界充满阳光，让每一个需要帮助的人、不幸的人都感到温暖，好吗？

棉袄与玫瑰

在一个简易的小破房里，住着罗瑞和他的妻子琼斯。罗瑞在一个小厂子里做仓管员，工作又苦又累；琼斯则在家里做一些家务，有时也去附近的花市做一些零活，以补贴家用。

虽然他们的日子过得很清贫，但他们是相爱的一对，心中总是充满了幸福。

深冬的一个晚上，两人正在家里吃晚饭，突然响起了敲门声。琼斯打开门，那是一位老人，他的手里提着一个菜篮子。“夫人，我今天刚搬到这里，就住在对面的那条街上。您需要一些青菜吗？”

老人的目光落在琼斯那有着补丁的围裙上，神情有些失望。“好啊，我们正需要一些呢。”琼斯走过去，拿起了里面的萝卜，“这些萝卜看起来很新鲜呢。”老人用那冻得有些发抖的声音说：“谢谢您了。”

关上门，琼斯轻轻地对她的丈夫罗瑞说：“当年我的父亲也是这样挣钱养家的。”

第二天，小镇下了很大的雪。傍晚的时候，琼斯提着一罐热汤，踏过厚厚的积雪，敲开了老人的房门。就这样，两家很快就结成了好邻居。

圣诞节快要到了，琼斯和丈夫罗瑞商量给老人置办一件棉衣，作为圣诞节礼物送给他。丈夫也默然同意。

平安夜那天，琼斯把棉衣包好，然后又特意从花店带来一支玫瑰，连棉衣一起包起来，悄悄地放在了老人的门口。

圣诞节那天，罗瑞家的木门响起了熟悉的笃笃声，琼斯一边说着圣诞快乐一边快乐地打开门，然而，这回

成长感悟

罗瑞、琼斯和卖菜老人的故事虽然平凡，但却给人以持久的感动。虽然在物质上他们很贫穷，但是他们却是精神上的百万富翁。爱没有高低贵贱，爱像一股清泉，汩汩流淌，滋润每一个人的心田。

有鲜花的地方就有希望。爱是相互的给予。积极的态度是快乐的源泉，也是幸运降临的前奏。想要拥有希望，就要挣脱苦难的枷锁，用积极和乐观去面对生活。

老人却没有提着菜篮子。

“嗨，琼斯，”老人兴奋地微微摇晃着身子，“圣诞快乐！”老人从身后拿出一个大纸袋，“不知哪个好心人放在我家门口的，是很不错的棉衣呢。我这把老骨头冻惯了，送给罗瑞穿吧，他上夜班用得着。还有，”老人把一枝玫瑰递到琼斯面前，“这个给你。也是插在这纸袋里的，我淋了些水，它美得像你一样。”

珍惜缘分的女孩

有一个平凡的女孩，无论她走到哪里，都会有很多的朋友。老朋友经常会给她打电话，记挂着她，而身边的新朋友也源源不断地增加。

即使是行走时偶遇的路人，也总是表示对她的好感。与她认识的朋友总会这样问她：“为什么你会这么受欢迎呢？”

女孩总是微笑着回答：“我长得并不漂亮，所以大家喜欢的不是我的容貌，如果说我的内在是吸引人的最大原因，我想那是因为我格外珍惜和周围人的缘分。”

女孩解释说：“读书的时候，我想，和这些本来陌生的人在一起学习是多么的不容易啊，我要珍惜这样的机会。有了这样的想法，我就很少与他们产生矛盾，同时常常去关心他们。当我毕业进入社会，我又觉得与老板、同事一起工作也是一种缘分。说不定工作一段时间以后，大家就会分开，这样，我总是会把每个人当做宝贝，珍惜与他们相处的分分秒秒。就这样，我珍惜周围的人，而他们也会珍惜我，大家相处得很是开心。”

成长感悟

如果你真正珍惜和身边人的缘分，你就会把每个人都当做自己的宝贝。把每个人都当成宝贝的人，别人也都会把他当做宝贝。

故事中的女孩用宽容和爱心去对待自己周围的每一个人，因此也赢得了每一个人的爱戴。青少年朋友，你在生活中也应该以这样的心态去和周围的人交往。一个积极乐观、心中有爱的人，才能真正体会到生活的乐趣，也才能拥有一个幸福的人生。

这条小鱼在乎

暴风雨过后，一个男人来到海边散步。他一边沿海边慢走，一边注意到，在沙滩的浅水洼里，有许多被暴风雨卷上岸的小鱼。

忽然，他看到前面有一个小男孩走得很慢，而且不停地在每一个水洼旁边弯下腰去。原来，这个小男孩在捡水洼里的鱼，然后把它们一一扔回大海。

男人停了下来，注视小男孩的一举一动，看他拯救着浅水里小鱼的生命。

终于，这个男人忍不住走了过去：“孩子，这里有成百上千条小鱼，你救不过来的。”

“我知道。”小男孩依然在忙碌着，头也不抬地回答。

“噢，那你为什么还要扔呢？谁在乎呢？”男人问道。

“这条小鱼在乎！”小男孩一边回答，一边拾起一条鱼扔进大海。“这条小鱼也在乎，还有这条也在乎！还有这一条、这一条、这一条……”

男人看着忙碌的小男孩，也不再说下去，他像小男孩那样，弯下腰去，将困在水洼里的小鱼一条一条扔进了大海……

成长感悟

“这条小鱼在乎！”小男孩的力量虽然是微不足道的，可他却用自己的一双小手救助着岌岌可危的小生命。中国古语有云：“勿以善小而不为，勿以恶小而为之。”小小的一份善良，却凝聚着大大的希望。

每个人的能力都是有限的，渺小的，但星星之火可以燎原，如果每个人都尽自己所能，做一点对他人、对社会有益的事，那么世界将变得美好，而我们在这个过程中，也会体验到幸福和快乐。

爱心比金钱更可贵

一位孤独的老人，他无儿无女，体弱多病，缺少亲人的照顾。终于，他决定要搬到养老院里去住，至少那里有医生、护士，还有一些同龄的老人与他聊天。

于是，老人决定出售他那漂亮的住宅，房子是他年轻时购买的，这里充满了他对从前点点滴滴的回忆，有他和老伴的爱和快乐。但，此时他已经没有体力再去打理这座房子了，他想，与其眼睁睁地看着它荒废，甚至坍塌掉，还不如卖给一个真正喜欢它的人来照顾。

由于这是一所漂亮的名宅，很多人都蜂拥而至，都想得到它。老人设定的底价是 **10** 万美元，但人们很快将它炒到了 **25** 万美元，而且价格还在不断飙升。

老人并没有因此而高兴，他总是坐在自己的躺椅上黯然神伤，是的，如果不是体弱多病，无力照顾自己，他是不会卖掉这栋陪伴他一生的住宅的。

有一天，一个衣着朴素的年轻人来到老人的面前，很恭敬地说："老人家，我真的很喜欢您这栋住宅，可是我的钱不够，我只有 **8** 万美元。"

"可是，它的底价是 **10** 万美元。"老人淡淡地说，"而且它已经涨到 **25** 万美元了。"

这个年轻人并没有放弃，他非常诚恳地说："老人家，如果您把这栋住宅卖给我，我保证会让您依旧生活在这里，而且比以前快乐得多！您可以和我父母一起喝茶、读报、聊天、散步，我还会陪你们逛公园，定期去医院检查身体……相信我，我会用心来照顾你们的！"

老人思考了一会，然后又看看年轻人那诚恳的态度，站起来，给他的律师打了一个电话："律师先生，我想您不必再费心找买主了，我已经决定了，我要把这栋住宅卖给一个小伙子。"

就这样，老人和这个年轻人还有他的家人一起快乐地生活着。

成长感悟

当房子的价格一路飙升时，老人并没有感到欣喜。是的，一串用来衡量金钱的数字，又怎能温暖老人苍凉的心呢？直到那个年轻人出现，他像一缕阳光，照进了老人的心里。**8** 万美元也没有问题，因为爱是无价的。

爱是心中的太阳，将我们身边的冰雪融化。保持一颗仁爱之心，保持对真善美的追求，你获得的将会更多。生活之中，爱心永远比金钱更加可贵，更能打动人心。

妈妈，我不是天使

晚上，琳达哄女儿睡觉，孩子躺在床上，看着妈妈说：“妈妈，我不是天使。”

琳达不解地问：“亲爱的，发生什么事情了？”5岁的小女儿菲莉亚长得清纯漂亮，乖巧可人，认识她的人都亲切地称她“天使”。

“老师说天使是既漂亮又善良，而且富有爱心和同情心，并且没有私心的人，对不对？”

“对啊！”琳达开始疑惑了。

“所以妈妈，我不是天使。”

“亲爱的，你为什么这么说呢？”

“早上，爸爸带我出去玩，我看见一个看起来又冷又饿的老婆婆在乞讨，我包包里有两个果冻。可是我不想给她，因为那是我最喜欢吃的果冻。后来，我想了好久，决定分给她一个。可是妈妈，后来我实在忍不住就把两个都吃了。我吃过以后，感觉很不开心。妈妈，我知道错了，如果是天使，会把两个果冻都给老婆婆的，可我没有，我把所有的果冻都吃了。所以，我想我并不是天使。”

琳达在惊讶中沉静下来。她把女儿紧紧地抱在怀里，然后告诉她：“不，亲爱的，你是世界上最善良的天使。”

女儿菲莉亚很惊喜地说：“妈妈，我做错了还是天使吗？”

“是的，你永远是天使。永远都是。”琳达坚定地对女儿说，“你终有一天会明白的。”

成长感悟

小琳达想把自己最喜爱的东西与一个陌生人分享，并且在一场看不见的思想斗争中，对自己做出了严厉的自责。一个有爱心的小姑娘，不是天使又是什么？

爱是生命的火焰，如果没有爱，我们的身边将永远是茫茫黑夜。爱是一颗光明的种子，一旦它开花结果，就会驱赶掉所有的阴霾，照亮整个人间。青少年朋友们，把爱深埋在你的心中吧，你也会是一个天使，一个真正的天使。

爱如飘香的玫瑰

约翰是纽约一家保险公司的业务员，他曾在一家花店为女友买过两次花，认识了花店的老板罗尔夫先生。后来，因为一次客户理赔案，约翰被控，他以诈骗罪被警方投入监狱，判刑10年，女友也离开了他。

10年，对于年轻的约翰来说，是一段漫长而难熬的日子。他不知自己该如何打发这漫长的也看不到光明的日子。约翰在监狱里度过了让他郁闷的第一个月，他几乎要发疯了。就在这时，狱警突然告诉他有人来看他。在华盛顿，约翰没有一个亲人，除了那个早已离开他的女友，实在想不出还有谁会记得他。

在会见室里，约翰不由得怔住了，竟然是只有两面之缘的罗尔夫——那个花店的老板。罗尔夫给他带了一束花。虽然只是一束花，却给约翰的牢狱生活带来了生机，也使他看到了人生的希望。

7年后，约翰被提前释放，他先是在一家软件公司做雇员，后来自己开了一家软件公司，并赚了很多钱。成为富豪的约翰前去看望罗尔夫，却得知罗尔夫早已在两年前破产。一家人穷困潦倒，全家迁回了乡下。

后来，约翰把罗尔夫一家接了回来，给他们买了一套楼房，并且给罗尔夫在他的公司里安置了位置。约翰对罗尔夫说，是你当年的一束花，使我感受到人世间的爱和温暖，给予我战胜厄运的勇气，无论我为你做什么，都不能回报你当年对我的帮助。

成长感悟

约翰入狱以后，身边没有了一个亲人，他的内心充满冰冷，他的眼中也许只剩下绝望了。但是就在这时，只有两面之缘的罗尔夫却给他送去了一束鲜花。其实，罗尔夫送去的何止是一束普普通通的花，他给约翰送去的是希望、是温暖、是光明、是爱。

爱是飘香的玫瑰，美丽送给了别人，香味却留给了自己。捧着一颗爱心上路的人，他的一生都会沐浴在爱的阳光里。

马戏团的门票

一个偏僻的小镇上来了一个马戏团，人们都很兴奋，争先恐后地去购票观看表演。

有个小男孩听说了，飞快地跑回家，请求父亲带他去看，其他6个孩子也跑了过来，围在父亲的周围，苦苦哀求着，希望他们的父亲能带他们去看表演。

看着不断央求的孩子们，慈爱的父亲答应了。

这是一个有些贫穷的家庭，由于孩子比较多，生活一直很艰苦，但是一家人互相关爱，他们每天又生活在简单的快乐中。善良的父亲想，既然是露天马戏表演，门票应该也不会太贵。

于是，这位父亲带着7个穿着干净的孩子出门了。孩子们手牵着手排在父亲的身后，等候买票。他们兴奋地议论着即将要上演的节目，周围的大人也被他们的愉快给传染了。

终于轮到他们了，售票员问："先生，您要几张票？"

父亲神气地回答："请给我7张小孩的，1张大人的。"

售票员说："给您票，请收好。一共是28英镑。"

父亲的心颤了一下，转过头把脸垂了下来，咬了咬嘴唇，又问："对不起，您刚才说的是多少钱？"

售票员又报了一次价。父亲眼里透着痛楚的目光。他实在不忍心告诉他身旁兴致勃勃的孩子们：我们仅仅有8英镑，这点钱还远远不够用！

一位排在他们身后的男士目睹了这一切。他悄悄地把手伸进口袋，把一张20英镑的钞票拉出来，让它掉到地上。然后，他拍拍那个父亲的肩膀说："对不起，先

成长感悟

这位伸出援助之手的男士，用自己的爱心挽回了一位父亲在自己孩子面前的尊严，也让那7位孩子的童年增添了一份值得回味的欢乐。

生活中一些小小的善行，有时也许只不过是举手之劳，但却能给别人解决重大的困难，为他人带去非凡的意义，同时也给自己留下付出后的快乐和内心的安宁。善待社会，善待他人，并不是一件复杂的事，只要心中常怀善念，处处皆有爱的光辉闪现。

生，您掉了钱。”

那位父亲回过头，知道了其中的原因。他眼眶一热，紧紧地握住男士的手：“谢谢，先生。这对我和我的家庭意义非常重大。”

爱的传递

一天，一个贫穷的小男孩爱德华·凯勒为了攒够上学的费用，不得不挨家挨户地推销商品。饥寒交迫的他搜遍全身，却只找到一美分。他知道，这点钱连一杯水都买不到，于是，爱德华准备向下一户人家讨口饭吃。

当他敲开下一户人家的大门时，出来了一位美丽的年轻女子。看着这位漂亮的女子，小男孩有点不好意思了。他没有要饭吃，而是希望对方能给他一杯水喝。

年轻女子看小男孩很饥饿的样子，就倒了一大杯牛奶给他。喝完牛奶，小男孩问道：“请问，我需要付您多少钱?”

年轻女子微笑着回答：“你不用付钱的，上帝告诉我们，要给人爱与希望。”小男孩说：“那好吧，请你接受我由衷的感谢吧。”

离开年轻女子的家，小男孩忽然对未来充满了希望，他更加相信，上帝是充满爱和希望的。于是，本来心中一片灰暗的他又充满了希望。

很多年以后，那个年轻的女子得了一种罕见的病，当地的医生都束手无策，最后不得不转到这个大城市来，由专家联手诊疗。

成长感悟

那杯牛奶装满了年轻女子的爱心，她并不求回报，就像她说的那样："上帝告诉我们，要给人爱与希望。"爱是可以传递的，爱和希望真的在小男孩的心中生根发芽了，他对生活充满希望，最后成了一位优秀的医生。

当那位女子身患重病时，长大成人后的小男孩用自己的爱心回报了她。"医药费已付：一杯牛奶的价格。"那杯牛奶是无价的，因为爱是无价的。

本地有名的爱德华·凯勒医生也参加了这一医疗方案的制定。当他听到病人所住的城镇的名字时，一个念头闪过他的脑际。身着手术服的爱德华医生马上起身来到病房，一眼就认出了那个曾经给他一杯牛奶的女子。

经过几天的努力，手术终于成功了。爱德华医生要求把医院的收费通知单先送到他那里，他毫不犹豫地在通知单上签了字。

当医疗费用单送到病房里时，女子没有勇气去看，因为她知道，这次手术费非常昂贵，她根本负担不起。然而，当她鼓起勇气打开通知单时，她惊呆了。

原来，费用单的旁边有一行小字："医药费已付：一杯牛奶的价格。"署名是爱德华·凯勒医生。

惊喜的眼泪充满了女子那双美丽的眼睛，她默默地祈祷着："谢谢你，上帝，你的爱已经通过人类的心灵和双手传播了。"

守候最后一晚的"女儿"

在急救室里，一位护士领着一个一脸疲惫、表现急切的女孩来到一位老人的病床前。

"老人家，您的女儿来看您了。"护士轻轻地告诉老人。然而，已经陷入昏迷的老人，在护士说了很多遍后，才逐渐有些清醒。

睁开眼睛之后，因为患的是严重的心脏病，再加上麻药的关系，老人看到的只是一个有些模糊的年轻女孩的身影，静静地站在他的病床边。

老人颤巍巍地伸出一只手，女儿激动地握着那双骨瘦如柴的双手，用无声的语言传达着对老人的安慰和孝心。

看到这里，细心的护士给女儿搬来一把椅子，让她坐在老人的床边。女儿就这样握着老人的手，整夜陪伴在光线暗淡的病房里，给老人鼓励和安慰。护士不时提醒她休息一会儿，但她每次都拒绝了。

将近黎明的时候，老人安详地去世了。女孩放下老人的手，走出病房通知护士。当护士来处理的时候，她就在旁边等待。最后，护士把一切做完后，开始安慰她。然而，她的问话让安慰她的护士吃了一惊。

“请您先告诉我，这个老人是谁?”女孩突然问道。护士大吃了一惊，反问说：“他不是您的父亲吗?”

“不，他不是。”女孩回答说，“我父亲在很多年前就因车祸去世了。”

“那么，为什么在您刚见到他的时候不说呢?”护士很疑惑地问道。

“您叫我来守候他，并告诉我他快要不行的时候，我知道一定是误会了。但是，我更知道老人此时需要他的女儿，而她却不在。他已经病得认不出自己的女儿，但希望她在身边守候，所以我就决定留下来。”

成长感悟

她并不是老人的女儿，却留下来默默守候，直到老人静静地离开这个世界。这是一种默默的温情，这是一种爱的温暖。

当一个人撒播爱心的时候，他往往也在收获着爱。在这个世界，每个人并不都是孤独存在的，有时候别人的孤独也是我们自己的孤独，别人的痛苦也就是我们自己的痛苦。其实，有时也许是你不经意的一个微笑，一点关怀，一句轻轻的安慰，就会让别人体会到更多的爱和幸福，让别人幸福一生，这是莫大的功德。

美国缓刑之父

在波斯顿有一位老人，他一生靠修鞋为生。他的修鞋摊就安置在法院门外的大街上。每次法院开庭，老人总是会收起鞋摊，随人流进入法院，旁听案件的审判。

一天，一个衣着朴素、满脸悔意的年轻人被带进了法院，老人凭着多年的观察经验，猜测出这个年轻人很可能是因在公共场所酗酒闹事而被控告的。

在当时，当地法律认为“酗酒闹事”只是一种轻微的罪行，被告人只需要委托别人上交很少数额的保释金，就可以被判为一年的“监外守行为”。

看着这个满脸悔意，非常惊恐的年轻人，老人心中生出一股恻隐之心。他敢肯定这是一个穷苦人家的孩子，是很难交出保释金的。因此，在开庭那天，老人从容地走向法官，表示自己愿意做这个年轻人的担保人，保释他出去。

老人的热心和年轻人的悔意打动了法庭上的每一个人，更深深地打动了法官。法官同意修鞋人的请求，表示法庭将于3周后再开庭审理此案件。

3周后，老人陪同被告人走上法庭。老人向法官呈上了一页报告，他愿以上帝的名义发誓，这个年轻人3周来滴酒不沾，辛苦工作，照顾年迈的父亲，空闲的时候还去做义工。报告上还有年轻人所在街区警察和教堂牧师的签名。

法官一见大喜，当场宣布释放这个年轻人，并象征性地对他罚款1美分。

从此以后，这个年轻人变成了一位终生戒酒、有所作为的企业家。

而在此后的17年里，老人为2000多人进行担保，他的爱心改变了2000多人一生的命运。当然，老人的这一行为也影响了美国司法制度的文明进程，以至于后来美国政府正式通过一项法律，专门成立了一个“缓刑

成长感悟

法律无情人有情。即使是一个普通的修鞋老人，只要他有爱心，也可以为2000多人担保，也可以用实际行动改变2000多人的命运。因此，青少年朋友们，不要以为自己力量小就放弃爱心，再小的一点爱，只要你积极付出了，也能影响这个社会，使这个社会更加美好，更有人情味。

因此，用爱的方式去感化人，要远比用残酷的惩罚方式去对待犯错的人有效得多。爱是最完美的漂白剂，它可以清洗一个人的灵魂。

司”，给被告人一次悔过自新的机会。

这位修鞋老人就是被誉为“缓刑之父”的约翰·奥古斯都。他给后人的影响不逊于美国的任何一任总统。

12 个矿工的面包约定

一个小镇上，一名矿工在井下作业时，不小心刨在哑炮上。哑炮响了，这个矿工当场被炸死。由于这是一名临时的矿工，所以矿上只发给其家人一小笔抚恤金。

这个矿工的妻子承受着失去丈夫的痛苦，又面临着来自生活上的压力。由于有孩子要养，再加上她无一技之长，要想在这个小镇上生活简直是难上加难。于是，矿工的妻子决定带着孩子收拾行李回到贫瘠的家乡。

临行前，矿工的队长找到矿工的妻子，告诉她说矿工们都不爱吃矿上餐厅的早饭，建议她在旁边开个面包店，卖些面包和牛奶，一定可以维持生计的。

矿工的妻子想了想，便答应了。随后，她找人帮忙，租赁了一个小店面，稍加修饰，面包店就开张了。

开张的第一天清晨，面包店就一下来了 12 个人。随着时间的推移，买面包的人越来越多，然而从来没有少过 12 个人，无论刮风下雨，甚至大雪纷飞。

过了一段时间，许多矿工的妻子都发现丈夫有一个很奇怪的习惯，那就是每天清晨起床后必须买一个面包。直到有一天，矿工的队长在一次事故中被炸成重伤，他的妻子才知道了答案。

矿工的队长在弥留之际，告诉他的妻子：“我死后，你一定要接替我每天去买一个面包，这是我们12个矿工兄弟之间的约定。自己的兄弟死了，他的妻子和孩子生活困难，我们一定要帮帮她。”

从那以后，每天早晨，在众多买面包的人群中，又多了一位女人的身影。就这样一直坚持不断。

很多年过去了，矿工的孩子已经长大了，而那个饱经苦难的矿工的妻子，也已经是满头白发，但她总是用那真诚的微笑面对每一个前来买面包的人。而那些买面包的人中，有老的少的，男的女的，但从来没有少过12个人。

成长感悟

爱心是一个善良的人的本能反应，是一种最美好的道德品质。朴素的矿工临死前还不忘生前的约定。也正是这些约定和爱心，帮助了遇难矿工的家人度过那一段最难熬的岁月。

爱心是一汪沙漠里的清泉，正是由于有爱的存在，人们才能看见生活中的绿洲。青少年们，不管你处于什么样的生活状态中，都不能让爱从你的心中溜走。要知道，有爱就会有一切。

Chapter

08

心态——笑对生活的每一天

有人认为，决定一个人成功的因素不仅仅是他的能力，更重要的还要看他是否能够始终乐观地看待自己周围的事物，看他在身处逆境时是否依然能够积极乐观地寻找改变的方法。积极的心态带来快乐的人生。一个人如能让自己经常保持像孩子一般纯洁的心灵，用乐观的心态做事，用善良的心肠待人，光明坦率，那么，他的人生一定比别人快乐得多，他也将收获更多。

你的心态决定你的快乐

一天，一个年轻的旅行者来到一个村庄，他向一位老先生询问道：“老人家，您觉得这个村子里的人怎么样？”

老先生没有回答年轻人的问题，只是反问道：“你觉得你从前生活的那个地方，那里的人怎么样？”

年轻人思考了一下，然后很不客气地说：“我觉得太糟糕了，那儿的人很不友好。”

于是，老者接着他的话说：“我想，你也会觉得我们这个村子里的人很不好。”

后来，这个年轻人果然在这个村子待不下去，带着满腹怨气离开了。

第二天，又有一位年轻的旅行者，他也遇到了那位老先生，问了同样的一个问题，先生又重复了同样的反问。

第二个年轻人很愉快地回答道：“他们友好极了，我至今还非常想念他们呢。”

老人微笑着说：“其实，你也会发现，我们村子里的人同样是非常友好的。”

成长感悟

拥有什么样的心态，就决定了你拥有什么样的生活。乐观积极的心态会给你带来快乐的生活，悲观消极的心态将给你带来暗淡的人生。成功属于那些拥有成功心态的人，幸福属于拥有幸福心态的人。

因此，处于青春期的少年朋友们，一定要让自己拥有一个健康的心态。心态若改变，态度就会跟着改变；态度若改变，习惯就会跟着改变；习惯若改变，性格就会跟着改变；性格若改变，人生就会跟着改变。

天堂与地狱的距离

在德克萨斯州的一所小学里，一群天真无邪的孩子问玛琳达老师天堂究竟在哪里。为了满足孩子们的好奇心和求知欲，玛琳娜老师请来了莫迪亚神父。

莫迪亚神父首先在黑板中间画了一条线，他把黑板分成两边，一边写着“天堂”，另一边写着“地狱”。随后，莫迪亚神父对孩子们说：“我要求你们每个人分别在‘天堂’和‘地狱’的下面写上你们所想象或期望的内容。”

于是，孩子们心目中的“天堂”就这样呈现出来了：欢乐、微笑、天空、阳光、青草、诗歌、音乐、幸福、天使、和平……

在“地狱”这一边，孩子们写出了这样的一些字眼：痛苦、悲惨、黑暗、残杀、恐惧、仇恨、流血、丑陋……

当孩子们写完之后，莫迪亚神父对他们说：“正如大家所知道的，天堂是具备了一切美好事物与美丽心灵的地方，这个美好的地方就叫天堂。而地狱？正好相反，是充满了肮脏事物与丑恶心灵的地方。那么，有没有谁知道人间在哪里呢？”

孩子们说：“人间就是介于天堂与地狱之间的地方。”

神父说：“错了。”

孩子们露出不解的神色。

莫迪亚神父这样告诉孩子们：“人间不是介于天堂与地狱之间。人间既是天堂，也是地狱。当我们心里充满爱的时候，就是身处天堂，当我们心里怀着怨恨的时候，就是住在地狱！”

成长感悟

正如莫迪亚神父所说，如果人们的内心充满爱和阳光，那么他生活的地方就是天堂。相反，如果人们的内心总是怀着怨恨，那么他的生活也是黑暗的，他就等于生活在地狱之中。天堂和地狱的距离，就在于人的心态。

生活本是一样，里面充满了酸甜苦辣。心态让我们分出了悲与苦，甘与乐。因此，当我们抱有一份健康的心态时，天空会变得更蓝，笑容会变得更美，即使有时也会有无法逃避的痛苦，但我们依然能够领略和品尝到幸福的滋味。

换一种心态来看待输赢

一次大型的长跑比赛开始了，参加比赛的人很多，有运动员、参观者，还有一些媒体的记者。

这次的长跑竞争是非常激烈和残酷的，参赛者有上百人，而最后却只有前三名可以获奖。

经过 **3** 个小时的赛跑，很多人都远远地落在了后面，其中一名选手，仅仅以一步之差成为第四名。

很多人都这样对着他说："真是一个悲剧啊，即使再努力，跑成这个样子，跟后面掉队的人有什么区别呢，还不是一样也不能得奖。"

然而，这是一般人的看法。

当记者采访获得第四名的竞跑者时，这个选手若无其事地对大家说："虽然这次没有得奖，不过我也不气馁，毕竟在所有没有获得名次的选手当中，我的名次却是第一。"

成长感悟

良好的心态可以让我们用灿烂的微笑来面对自己的人生。如果以获奖为标准来衡量自己，那位第四名无疑是失落的，但是他却并不这样认为，他换了一个角度去看待这个问题，让自己变得更加乐观。

如果你能够摆正心态，所有的烦恼都将自动消失。在人的一生中，总免不了要投入各种竞争或陷入各种比较之中，如果我们把每一次的失利都放在心上，快乐将会永远与我们无缘。换一种心态来对待人生中的输赢与得失，相信你在以后的生活中会过得更好。

"如果"与"下次"

布鲁克是一位具有多年临床经验的心理医生，在退休之后，他精心撰写了一本关于心理疾病医治方法的著作。

这是一本足足有 **1000** 多页的专著，书中细致而精确地描述了各种心理疾病的症状，对这些疾病的用药情况，以及一些情绪治疗的方法。

一次，布鲁克应邀到一所大学讲课。在课堂上，布鲁克拿出这本厚厚的著作对大家说："这本书有 **1000** 多页，里面有 **3000** 多种治疗方法，还有 **10000** 多种药物的使用情况。当然，对这 **10000** 多种药物的介绍，却仅仅用了 **4000** 多字。"

成长感悟

布鲁克的医治方法告诉我们，一个人不应该总为过去感到悔恨，而应该对未来充满希望和信心。如果你上一次没有做到，那么要坚信，下一次你一定可以！

生活之中，那些对我们造成心理伤害，影响我们人生幸福的原因，绝大多数并不是物质的贫乏或富足，而是一个人对一些事物的选择与放弃的心境。如果你总是把自己的心停留在对过去的遗憾和后悔中，那么痛苦必将占据你的整个身心，幸福也肯定会离你远去。

概述完这一著作，他在黑板上写下了4个字"如果下次"。布鲁克说，造成我们精神消耗和折磨的并不是"如果"这两个字。"如果我上了大学……""如果我没有那样做……""如果我当初应聘到那家单位……"

当然，医治的方法也有数千种，但最终的方法却只有一种，那就是把"如果"换成"下次"。"下次我不会那么做……""下次我会去那家单位去应聘……"

瓦伦达心态

瓦伦达心态是心理学上的一个著名论断。这一理论来源于一个真实的故事。

瓦伦达是美国著名的高空钢索表演者，以其精彩而稳健的演技而闻名。在多年的表演中，瓦伦达从来没有出现过事故。因此，当一次重要的演出来临时，大家依然决定由瓦伦达来完成。

参观这场演出的都是一些美国的知名人物，这一次演出如果取得成功，不但会奠定瓦伦达在演艺界的重要地位，同时还会给主办方带来很大的支持和利益。因此，从一开始，瓦伦达就非常重视这次表演，每一个动作，甚至每一个细节，他都会认真仔细地琢磨。

表演开始了，这一次瓦伦达也没有用保险绳。因为多年来他从来没有出现过任何失误，他有百分之百的把握，认为自己能非常完美地完成这次表演。

然而，意想不到的事情发生了，当他走到钢索中间，在做了两个难度并不大的动作之后，就从10米高的钢索上掉了下来，当即身亡。

事故发生后，他的妻子很伤心地说："我就预感到会出事。因为他上场前总是不停地说：'这次演出太重要了，我不能失败，无论如何我都不能失败。'而以前每次成功的表演，他只是想着走好钢丝这事的本身，根本不会考虑其他的事情。"

后来，人们就把这种不专心去做事，而过度关注这件事的意义从而显得患得患失的心态，叫做"瓦伦达心态"。

所以，我们在做事情的时候，不必去考虑的太多。不去多想，马上去做，打断反复去思考的逻辑和习惯，走出踏实的每一步，往往做事情的勇气就随之产生了。

成长感悟

对于瓦伦达这样一位走钢丝的高手来说，本来是不应该出现任何问题的，可是他却恰恰从高空摔下，断送了自己的性命。由此看来，端正心态是多么重要的一件事。如果心态不摆正，很可能给我们带来失败的后果。

当你已经决定做某件事情时，要以平和的心态去对待。不要过多地考虑与这件事无关的问题，更不要让自己的功利心干扰或打断你的逻辑、习惯或行动。一般来说，你越是害怕失败就越容易遭受最大的失败。

从不同的角度感受生活

很久以前，有一个国王，他的梦想是拥有一个美丽的花园，里面种着世界上最美丽的花儿。于是，他命令一个大臣说，这个花园里不需要有太多种类的花儿，只需要有世界上最美的一种就足够了。

这位大臣领了命令之后，一边让人兴建土木建造花园，一边命人从各个地方选取一些名贵的花卉。没过多久，花园建成了。接着，很多人开始从花卉中选来选去，最后，大家一致认为，玫瑰是世界上最美的花儿。

当一切准备妥当之后，这位大臣就吩咐开始种植漂亮的玫瑰花。花园的通道、亭榭都设计得巧夺天工，凡是参观过的人都大大赞叹。这个大臣想，这么多美丽的玫瑰花儿，这么壮观的花园，国王看了一定会很高兴的。

于是，在一个阳光明媚的早上，这个大臣把国王领到了这个美丽的花园。然而，意外发生了，国王非但不开心，反而勃然大怒，对这个大臣说："让你种世界上最美丽的花，你却种出来这么多的刺。"

这位大臣分辩说："国王陛下，这些玫瑰虽然有刺，可它确实是世界上最美丽的花儿啊。"

没等这个大臣说完，国王就命人将他拉出去杀了。

过了一年，国王又命令另一个大臣为自己的花园种植世界上最美丽的花儿。这个大臣领命后并不着急，既没有派人寻找漂亮的花儿，也没有因为花色而去劳心费神。等到花开时节，这个大臣便请国王去花园赏花。

大家都为这个人担心，因为之前那个大臣就是因为让国王看了带刺的玫瑰，使得国王一怒之下把他杀了。现在这个大臣也这么做，不是自找死路吗?

当国王走进玫瑰园时，这个大臣微笑着说："国王陛下，你瞧这些刺多么美丽啊，每丛刺上都开着美丽的花朵。"

国王看了非常高兴，赞赏地说："是啊，这些刺竟然是如此的美丽，每丛刺上都盛开着这么诱人的花朵。这可是世界上最美的刺了，当然，也是世界上最特别的花朵。"国王不仅没有杀这位大臣，还认为这个大臣有创意，应该加官封爵，多多赏赐。

其他大臣都很不能理解，就偷偷地询问这个受赏的大臣："为什么同是带刺的玫瑰，之前那个大臣被国王杀了，你非但没有受到任何责难，还受到如此丰厚的奖赏呢?"那个大臣微笑着说："虽然同是玫瑰，但他让国王看到的是每朵美丽的花上面都有刺，而我让国王看到的

成长感悟

任何事物都有它的两面性，有光亮的一面，也有阴暗的一面，就像玫瑰园里的玫瑰，每朵花上面都长满了刺，而每丛刺上面都绽放着美丽的花朵。

面对生活中种种问题时，一切都将取决于你的心态，用不同的心态去感受，就会有不同的结果。所以，我们要用光亮的一面去对待，这样的生活才是幸福快乐的。

却是每丛刺上面都有美丽的花啊。”

索菲亚的“自信罐”

在法国，有一个叫索菲亚的女人，在她生完第四个孩子之后，就整天烦躁不安。6岁的儿子的电动玩具车整天不停地转圈，4岁女儿整天吵闹，2岁大的幼儿整夜哭闹，还有一个尚在哺乳中的婴儿。

在那段时间里，索菲亚的精神快要崩溃了。她长期睡眠不足，无法正常地思考问题，更不能以正常的心态看待周围的世界，甚至是她自己。很多时候，索菲亚认为自己天生就是一个“低能儿”。她想自己连几个孩子都照顾不了，以后还能做些什么呢？

后来，她的一个叫凯琳娜的朋友托人给她带了一份精美的礼物。那是一个装饰得很华丽的陶瓷容器，上面贴着一个醒目的标签，标签上写着：“索菲亚的自信罐，必要时用。”

漂亮的自信罐里装满了不同颜色的千纸鹤，展开千纸鹤就可以看到一些优美的句子。索菲亚迫不及待地打开一个个千纸鹤，上面分别写着热情洋溢的话语：

你是上帝送给我的最美好的礼物；

我将永远珍惜你的友谊；

你的执着和热情，是让我欣赏和学习的；

我希望住在离你最近的地方；

你的好客，你的贤惠让我记忆犹新；

你是一个温柔而美丽的女人，你有着宽广的胸怀，有着美丽的长发；

你是最愿意听我诉说的那个人；

你做事情是那样的认真仔细，那么完满成功；

我相信你能够做好任何你想要做好的事情；

……

读到这里，索菲亚被深深地打动了。因为她真切地感觉到，她正被别人爱着、关心着、信任着，她相信这些困难都是暂时的，自己依然还是一个很棒的女人。

从此以后，索菲亚就把这个“自信罐”摆在最显眼的地方，只要一遇到挫折或困难，她就会情不自禁地伸手去摸。

很多年以后，索菲亚成了一所幼儿园的园长，很多家长都愿意让孩子去她那里接受教育，因为他们认为索菲亚园长的自信能够激发孩子的信心。当然，那些从索菲亚的幼儿园走出去的孩子，每个人都有一个“自信罐”。

成长感悟

小小的一个“自信罐”改变了索菲亚的态度，她开始用积极乐观的心态去面对生活，眼前的烦恼马上烟消云散了。这个故事告诉我们，如果你的内心是快乐的，那么生活对你也是微笑的。

在人生的道路上，每个人都会碰到不同的苦难和挫折，是否能顺利地克服和度过，就要看你所拥有的心态。一个自信的人会不畏惧任何的苦难和挫折，让自己走向成功；而那些悲观的不自信者会因为困难和压力，选择退缩，甚至放弃，这样的人永远不可能触摸到成功。

自己杀了自己

很久以前，有一个非常残忍的国王，每次要处决死刑犯时，他都要想一些新鲜的花招。

一次，一位囚犯被告知第二天要被处以极刑，行刑的方式是在他手臂上割一个口子，让他鲜血流尽，然后慢慢死亡。犯人惊恐至极，整个晚上都提心吊胆。

第二天一早，那个头天晚上被告知受刑的犯人被带到了一个房间中。这是一个被封闭的小房间，里面一团漆黑，唯一的亮光仅从墙上的圆孔中透过来。这是一个特制的圆孔，其大小刚好可容一条胳膊穿过。

行刑开始了，刽子手把犯人的一只手从洞中移过，然后穿到洞的另一个口，用刀在他的手臂上割开了一个口子，在犯人手的下边还放着一个盛血的器物。

“嘀答，嘀答……”血一滴滴地滴在瓦罐中。四周静极了，墙这边的犯人就这样静静地听着自己的血滴在瓦罐中的声音。

不一会儿，犯人有些精神崩溃了，他觉得浑身的血液都在向那条胳膊涌去，越来越快地流向那个瓦罐。而且，他的意志也随着血流走了，他无力地倒下来，死了。

其实，在墙的另一面，犯人手臂上的血早已经停止不流了。刽子手身边的桌子上放着一个大水瓶，水瓶中的水正通过一个特制的漏斗软管，往下边的瓦罐中嘀嘀嗒嗒地流淌着。

成长感悟

伴随着嘀嗒嘀嗒的声音，犯人最后倒下死去了，然而，导致他死亡的并不是失血过多，而是自己精神意志的流失。

每个人的一生中都会受到各种暗示，有积极的暗示，也有消极的暗示。积极的暗示会激发出人们强大的信心，从而走上成功；而消极的暗示则会导致人丧失信心，导致一个人的失败。因此，我们应该多给自己一些激励和信心，多给自己积极的暗示，相信自己是最棒的。

跟在阿姆斯特朗身后的人

1969 年 **7** 月 **16** 日，前苏联的宇宙飞船“阿波罗—**11** 号”飞向太空。经过长途跋涉，“阿波罗—**11** 号”进入月球轨道，这是人类首次登月行动。

同年 **7** 月 **19** 日，飞船在月球降落，宇航员阿姆斯特朗迈着小心翼翼的脚步站在了陌生的月球上。他感慨万千，激动地说：“我个人迈出了一小步，人类却迈出了一大步！”

其实，在当时的宇宙飞船中，宇航员奥尔德林就跟在阿姆斯特朗身后，如果说阿姆斯特朗是登上月球的第一人，那么他无疑就是第二人了。但是当时，阿姆斯特朗显得更风光，受关注程度远远超过了奥尔德林。

在一次登月成功的庆祝会上，一个记者突然向奥尔德林提出了这样一个尖锐的问题："阿姆斯特朗先下去了，他因此成为登月第一人，那么作为同行者，你不觉得有些遗憾吗？"

这位记者的问题让当时在场的人们一片默然，大家都在思考奥尔德林应该怎样回答这个问题。

在当时略显尴尬的氛围中，奥尔德林风度翩翩地给出了自己的回答："各位，可别忘记了，当飞船回到地球时，我可是最先走出来的！"他微笑着顿了顿后，又接着说，"所以，我是由别的星球来到地球的第一人。"

大家在笑声中，给予了他最热烈的掌声……

成长感悟

也许你离开了繁华的城市，但你却得到了乡村的安宁；也许你失去了童年时的天真与无邪，但你却得到了长大的讯息；也许你失去了淡泊的闲静，但你却得到了生活的绚丽与缤纷。人生就是这样，一切都在得与失之间。

所以，得失是人之常情，我们要理性地看待。一个人舍弃一样东西，就可以得到其他的东西，而且，境界会更加开阔深远。所以，我们要有一种坦然面对得失的平和心态，平凡也是一种幸福。

生活随心境而改变

苏珊是一位善良、有智慧的女人，她懂得如何享受生活，她曾这样告诉人们她的生活经验：

我曾经随丈夫驻守在一个偏僻的小镇，我曾经非常讨厌那个地方，简直是深恶痛绝。我从来没有像当时那样苦恼过、烦闷过。

我丈夫经常在军营里参加训练，有时被派到附近的小镇出差，而我被迫一个人停留在小镇的一间小破屋里。

那儿的天气非常的不好，从早上就开始燥热，中午的时候太阳烤得人难受，到了下午又是闷燥，即使是整天躲在阴凉的树下，也无济无事。

我每天一早出门，就是为了能呼吸一些新鲜空气，改换一下心情。然而，我发现我的这个想法是错误的，那儿都是土著人，他们说的都是方言，我一句话也听不懂。

天空中的热气不断地升腾着，烤得人难受，我当时的心情糟糕得不能再糟糕了。

为此，我给我的父母写了很多信，我告诉他们我再也不能待下去了，我要回家。

然而，我的父亲表示理解我的感受，但他并没有说什么，只是给我写了两句话，直到今天我对那两句话仍旧记忆犹新，就是这两句话让我懂得了生活的真谛，也就是这两句话让我的生活为之改观。

“两个人从小木屋里往外看，一个看到的是满地的烂泥，而另一个看到的却是满天的星星。”我重复着父亲的这两句话，终于明白了其中的真意。

于是，我走出了那个让人窒息的小屋，主动和那些土著人搭话，我发现他们其实是非常大方的，虽然他们有着桀骜的个性，但是他们极其重视感情。

后来，我从土著人那儿学到了很多技能，更深深地感受到了他们那种浓厚的情谊，我的内心不再孤单，我的生活不再痛苦，我的世界因此而绚丽多彩。

生活中总是有太多的不开心，有的人在不开心中变得自暴自弃，而有的人在烦恼中走入极端，但是，我们只要相信，生活中的一切烦恼、不开心都是暂时的，都可以通过自我调整来解决，那么，我们的生活就充满了希望。

成长感悟

生活并没有苏珊想象的那样糟糕：土著人热情大方，小茅屋破旧却别有情调，粗砺的生活可以学到更多的技能……当心态改变之后，你会突然发现，生活原来如此美丽。

一个人具有什么样的心态，决定了他能够成为一个什么样的人。你相信会有什么结果，就可能会有什么样的结果；一个人完全可以通过改变自己的心境来改变自己的生活。

幸福生活的永世法则

很久以前，有一位英明睿智的国王，他爱民如子，做事兢兢业业。在他的英明领导下，他的子民丰衣足食，安居乐业。

然而，这位深谋远虑的国王有一个烦恼，他担心自己百年之后，他的子民是不是会像现在一样过得殷实富足，幸福快乐。

于是，这位英明的国王招募国内的有识之士，命令他们找到一个能够确保他的子民幸福生活的永世法则。

3个月后，一位学者把3本厚厚的帛书呈给了国王，并恭敬地说："国王陛下，天下的知识都汇集在这3本书内，只要您的子民读完它，就能确保他们衣食无忧了。"

看着这厚厚的帛书，国王不以为然，因为他知道，那些每天劳作的农民不会花那么多时间，况且他们也没有那么多时间来读完这本书。所以，他命令这位学者继续钻研。

两个月后，学者把3本书简化成一本书，然后呈给国王。国王还是不满意，要求学者再继续钻研。

1个月后，学者把一张纸呈献给国王。国王看后非常满意，说："很好，只要我的子民日后都真正奉行这样宝贵的智慧，我相信他们一定能过上殷实富足、幸福快乐的生活。"于是，国王重重地奖赏了这位学者。

原来这张纸上只写了一句话：当你拥有快乐的心情时，你就能拥有快乐的生活。

成长感悟

法国作家大仲马曾说："人生就是一串念珠，而幸福的人总是笑着念完它的。"幸福生活其实很简单，那就是保持一颗快乐的心。人生当中会遭遇很多烦恼，但我们应该用快乐健康的心态去面对。

幸福快乐是一种感觉，关键就在于你的心态。幸福和金钱、名利、地位都无关，只要你拥有一颗乐观的心，用快乐的心情去待人接物、感受生活，那么你就拥有了幸福。

一美元小费

在一个拥挤的候车室里，靠门的位置坐着一个满脸疲惫的老人，身上的尘土和鞋子上的泥巴表明，他走了很长的路。

列车进站了，开始检票，老人不慌不忙地站起来，准备往检票口走去。忽然，外面跑进来一个提着大箱子的胖女人，累得呼呼直喘。胖女人看到那个空手的老人，就冲着他大喊："喂，老头！你给我提一下箱子，我给你小费。"

老人看了看胖女人和她的行李箱子，想都没想，就拎着箱子随着胖女人一起走进检票口。

他们刚一上车，车门就关了。胖女人喘了一口气，然后很庆幸地对老人说："多亏了你，要不然我就赶不上这次列车了。"说着，她掏出一美元递给了老人，老人微笑着接过小费。

这时，列车长走了过来，他认出了老人，连忙上前说："洛克菲勒先生，欢迎您乘坐本次列车！请问我能为您做些什么？"

"噢，谢谢！不用了。我刚进行了为期 **3** 天的徒步旅行，现在我要回纽约总部。"老人客气地说。

听到这里，胖女人惊叫起来："洛克菲勒先生，著名的石油大王！上帝，我竟然让著名的石油大王帮我提箱子，还居然给了他一美元的小费，我这都做了些什么啊！"

"太太，你不用不好意思，你也没做错什么。"洛克菲勒微笑着说，"这一美元是我挣的，所以我收下了。"说着，洛克菲勒把那一美元郑重地放进了上衣口袋。

成长感悟

真正的大人物，都拥有一颗平常心，即使身在高位仍然懂得如何做一个平常人。

青少年朋友，也许在不久的将来，你也会成为一名赫赫有名的成功人士，但是请记住发生在洛克菲勒身上的这个小故事，不论你将来会成为多么了不起的人，都应该用一颗平和的心去面对生活。

心态改变命运

著名哲学家周国平写过这样一则寓言，说一个少妇去投河自尽，被正在河中划船的老艄公救上了船。

老艄公问少妇：“你年纪轻轻，为什么要跳河自杀呢？”

少妇哭诉道：“我结婚刚两年，我的丈夫就抛弃了我，后来我的孩子也病死了。你说，我活着还有什么意思？”

老艄公又问：“那两年前你是怎么过的？”

少妇说：“那时候我无忧无虑，自由自在。”

老艄公接着问道：“你那时有丈夫和孩子吗？”

少妇回答说：“没有。”

老艄公说道：“那么，你也不过是被命运之船运送到了两年前，现在的你又恢复了自由身，日子也应当过得无忧无虑吧？”

少妇听了老艄公的话，心里顿时敞亮很多。等船靠了岸，少妇很感激地告别老艄公，充满感激地回到了岸上，开始了她新的生活。

美国著名的心理学家威廉·詹姆斯曾经这样说：“我们这一代人最重大的发现，就是人能改变心态，进而改变自己的一生。”

是的，一个人是成功或是失败，是幸福或是坎坷，是快乐或是悲伤，有相当一部分是由自己的心态决定的。

成长感悟

因为抱着绝望的心态去看待生活，少妇选择了跳河自杀，但经过老艄公的心理疏导后，积极乐观的生活态度让她获得了新生。由此可见，不同的心态完全可以导致差别巨大的人生。

很多时候，我们可以跨越人生道路中的道道沟坎，却无法摧毁内心那道厚厚的墙壁。人的心态是可以随时转化的，如果一个人心里想的总是快乐的事情，那么他的人生是快乐的；如果他的心里想的是悲伤的事情，那么他的人生就会变得很暗淡。

它也值这个价

在一个人来人往的大街上，有一家店门口贴着一张广告，上面写着："出售小狗"。一天中午，一个小男孩来到了那家店的门口。

"请问，你这里的小狗卖多少钱？"小男孩怯怯地问道。

"孩子，它们的价格在 **30** 至 **50** 美元之间，不同的小狗，价格不一样。"店主耐心地向小男孩解释道。

"我有 **5** 美元，请允许我看看它们，可以吗？"小男孩仰起小脸，眼中充满了希望。

店主吹了一声口哨，负责管理小狗的人员出现了，他的身后跟着 **6** 只毛茸茸的小狗，可爱极了。

小男孩的脸上顿时有了笑容，他揉搓着两只小手，看起来很想触摸那些可爱的小东西。在看到最后一个小狗的时候，小男孩的脸上充满了怜惜。

那只小狗身材瘦小，走路很慢，有一条腿一跛一跛的。

"请问，那只小狗有什么毛病吗？"小男孩指着最后的那只小狗问道。

"是的，孩子，它天生就是这样，医生说没办法治好了。"店主解释说。

"就是这只小狗了，我把它买了。"小男孩很坚定地说道。

"如果你真的想要它，那我把它送给你好了。"店主微笑着对小男孩说。

小男孩十分生气，他鼓起腮帮子，瞪着眼睛，大声

成长感悟

小狗虽然有一条腿是瘸的，但它依然可以给爱护它的人带来快乐。那个小男孩也是一样，他并没有因为自己身体上的残疾而看低自己，他拥有一个乐观的心态，就像他认为瘸腿的小狗依然值钱一样，他认为自己并不比任何人差。

其实每一个生命原本是没有差别的，只是由于我们的差别心把它们分开了。由于差别心的存在，那些本来平等的生命被分为贵和贱，结果严重损伤了生命的尊严，使得生命有了不同程度的烦恼和不幸。

对店主说："我不需要你把它送给我，它应该和别的小狗值一样的价钱。我现在付 **5** 美元，以后每月付 **50** 美分，直到付完为止。"

店主劝说道："你真的用不着买这只狗，它不可能像别的小狗那样又蹦又跳地陪你玩儿。"

听到这句话，小男孩卷起裤脚，露出了他严重畸形的小腿。原来，他的左腿是跛的，靠一根金属架支撑着。

他看着店主，轻声说道："那只小狗需要一个理解它的人。"

悲观者与乐观者的回答

悲观者和乐观者在面对同一个问题时，会有不同的看法。

第一个问题：希望是什么？

悲观者说：希望是地平线，就算看得到，也永远走不到。

乐观者说：希望是启明星，能告诉我们曙光就在前面。

第二个问题：风是什么？

悲观者说：风是浪的帮凶，能把你埋葬在大海深处。

乐观者说：风是帆的伙伴，能把你送到胜利的彼岸。

第三个问题：生命是不是盛开的花？

悲观者说：再漂亮的花败了以后也都成了烂泥。

乐观者说：不，它能留下甘甜的果实。

第四个问题：沿着一条弯曲的小路，一直向前走，

成长感悟

不同的人，对人生有不同的态度，不同的人生态度也就造就了他们不同的人生结果：悲观者容易成为生活的失败者，而乐观者则是生活的成功者。

乐观，是一种积极的人生态度，有助于我们提高生活的质量。横看成岭侧成峰，世上的事与物，不同的人看起来，会有不同的感受。做一个乐观的人，你会发现，生活中处处都会有意想不到的惊喜。

会遇到什么？

悲观者说：路途中会碰到坑坑洼洼。

乐观者说：曲径通幽。前面会有你意想不到的风景。

第五个问题：你对冬天的到来有什么看法？

悲观者说：冬天让整个世界变得凄凉和寒冷。

乐观者说：冬天来了，春天就不远了。

于是，

悲观者总是失败，乐观者总是成功。

多给自己快乐的心理暗示

约翰·伍登是美国篮球界威望极高的教练员，他在运动生涯、教练实践和著书立说等方面均为美国篮球运动的发展作出了极大贡献。

在约翰·伍登 **40** 多年的教练生涯中，他所带领的高中和大学球队获胜的概率在 **80**％以上；在全美 **12** 年的篮球年赛中，他带领的球队曾替加州大学洛杉矶分校赢得 **10** 次全国总冠军。如此辉煌的成绩，使伍登成为人们公认的最称职的篮球教练之一。

面对有如此成就的约翰·伍登，曾有记者问他："伍登教练，请问您是如何保持这种积极的心态的？"

伍登很愉快地回答："每天睡觉之前，我都会提起精神告诉自己，我今天的表现很好，相信我明天的表现会更好。"

"难道就只有这么简单的一句话吗？"记者有点难以置信。

成长感悟

积极乐观的心态，可以激发人体内更大的潜能。积极乐观的心态，决定了成功的人生。而消极悲观的心态，却只能给人带来失败和沮丧。因此，时刻鼓励自己，给自己积极的心理暗示，相信风雨过后是彩虹，相信明天会更美好，相信自己是世上最幸运的人，生活便会充满了阳光。

“简单的一句话?”伍登很惊讶地说道，“这不仅仅是简单的一句话，这句话我可是整整坚持了20多年！这与简短与否没有关系，关键在于你有没有坚持去做，如果无法持之以恒，就算是长篇大论也没有帮助。”

把握自己的心态

一群人乘船去意大利，途中遭遇强风暴雨。船上的人都非常害怕，在上面坐卧不宁。然而，旁边有一位老太太，却稳坐不动，非常平静地祈祷着，神情十分安详。

等暴风雨过去，船上的人很久才归于平静。然而，老太太脸上却是一如既往的安详。

有一个年轻的小伙子很奇怪地问老太太：“刚才的暴风雨来势凶猛，大家都很恐惧，为什么您丝毫不怕呢?”

老太太回答说：“我有两个女儿，大女儿已经被上帝接走了；二女儿现在就住在意大利。暴风雨刚才来临的时候，我向上帝祈祷，如果我在这次暴风雨中失去生命，希望我死后能去天堂，那样我将看到我的大女儿；当然，如果这次侥幸能保住我的性命，我将会看到我的二女儿。无论发生任何情况，我都可以同我最爱的女儿在一起，我还有什么害怕的呢?”

是的，无论是去天堂，还是活着去意大利，老太太都能很幸运地看到她最爱的女儿。

成长感悟

中国古人曾有言：“祸兮，福之所倚；福兮，祸之所伏。”当挫折、不幸、灾难或厄运降临的时候，我们需要保持一种乐观的心态，这才是真正应对厄运的最佳途径。

现实生活中，我们虽然很难把握已经发生或即将发生的事情，但是，我们却可以把握自己的心态。一个人如果把握住了自己的心态，就是把握住了一个美丽而安宁的精神世界。

Chapter

09

感悟生命——以纯美的灵魂对待生活

生命像一根透明的丝线，一端系着昨天的眼泪和欢笑，另一端又连接着明天的希望与成功。站在两端之间，我们才知道生命是多么的珍贵，但它又是多么的脆弱！每个人的生命只有一次，人也只能在世上活一次。因此，我们应该好好珍惜这唯一的一次机会，不要让自己的人生碌碌无为。我们应该在有限的生命中，做更多有意义的事情。

不要丢弃任何一枚人生的“金币”

从前，在广阔的内蒙古草原上，有一个叫阿巴格的少年。有一次，年少的阿巴格和他的爸爸在草原上迷了路。父子俩在路上走了五天五夜，最后筋疲力尽，坐在一棵大树下。他们的生命遭到了最严重的威胁。

“爸爸，我们是不是快死了?”阿巴格又渴又饿，带着哭腔问爸爸道。

爸爸拍了拍儿子的肩膀，然后从兜里掏出**5**枚硬币。只见他把一枚硬币埋在草地里，把其余**4**枚放在阿巴格的手上，对他说：“人生有**5**枚金币，童年、少年、青年、中年、老年各有一枚。阿巴格，你现在才用了一枚，就是埋在草地里的那一枚，但是，你不能把**5**枚都扔在草原里。你要一点点地用，每一次都用出不同来，这样才算没白来世上走一遭。你要记住，你一定要走出草原。世界很大，你要好好活着，不要让你的金币没有用就扔掉。”

父亲把身边最后的一点食物和水都给了阿巴格，在父亲的鼓励下，阿巴格终于走出了草原。长大后，阿巴格离开了家乡，成了一名优秀的船长。

成长感悟

人生有5枚金币，每一枚都应该格外珍惜。阿巴格听了父亲的话，坚强地走出了茫茫草原。

每一朵花，都只能开放一次，都只能享受一个季节的热烈，都只拥有一次鲜艳的生命。生命本就是一个奇迹，我们每个人都应该珍惜，不管到了什么时候，都不要轻易地把人生的任何一枚“金币”扔掉。要知道，人生在世，再没有什么比呵护自己的生命更重要的了。

一个贪财的人

很久以前，有一个非常贪财的人，他拥有数不清的金钱和土地。

一天，这个贪财的人去寻找埋藏在深山里的宝藏。

一路上，他口渴得要命。走到山脚下的时候，好不容易遇到一个卖柠檬水的商贩，一问价格，他认为太贵了。

商贩说："先生，我们已经卖得很便宜了，如果你到山上，那儿的水会更贵。"

这个人自言自语说："这也太贵了，我要快点赶路，看能不能在山上找点水喝。"

他走啊走，好不容易走到半山腰。山上树木茂盛，除了树就是石头，根本没有水源。也正因为如此，这儿的野兽因为饥饿，也都跑到其他地方去了。

即将走到山顶的时候，贪财人看到有商贩坐在石头边，拿着**5**瓶柠檬水在那儿叫卖。

贪财人走过去问："老板，柠檬水多少钱一瓶？"商贩告诉了他价格。

贪财人很生气地嚷道："你这水也太贵了，竟然比山下贵出**3**倍！"

商贩说："先生，你知道我背着这些水上山有多不容易吗？这山山路陡峭，我背着这重重的水上山，一不小心就会掉进山谷。目前这个价已经很合理了。"

贪财人看了看商贩，又看了看那些柠檬水，狠狠地说："太贵了，我才不会喝呢，我要赶快做完那件事情，然后回家喝水，这样就一点儿钱也不用花了。"

于是，贪财人继续赶路。然而，口渴不断地折磨着他，等他走到山顶那个藏宝的地方，他已经渴得快要死了。

为了找到宝藏，贪财人咬紧牙，挣扎着把宝藏挖了出来。看着那些闪光的金银，他已经有些不能动弹了。

在闭眼的那一刻，贪财人看着那些财宝，向上帝祈求，希望这些财宝能变成一滴水给他解渴。很不幸的是，上帝已经听不到他的祈祷了，因为他已经渴死了。

成长感悟

人死了，再多的宝藏又有什么用处？一个人的生命是有限的，跟宝贵的生命比起来，再多的钱财也是一堆粪土。对于那个贪财的人来说，他始终不能明白一个道理，金钱永远都是身外之物，而生命才是无价的。

在生活中，我们也会遇到很多诱惑，但是青少年朋友们，请牢记一点：任何东西都没有你的生命重要！一定要珍爱生命，用心生活。

与死神讲和

一个疲惫的年轻人坐在一块大石旁歇息，他面黄肌瘦，眼窝下陷，手上长满了老茧，肩膀上还有划伤的痕迹。

大约有半盏茶的工夫，这个年轻人勉强自己站起来，把身边的一大捆柴放在身上。然后，他呻吟着挪动沉重的脚步，弯着腰朝山下低矮的小茅草屋移动。

终于，年轻人再也抬不起脚了，他痛苦地放下背上的柴，侧躺在旁边回想自己曾经走过的坎坷人生。

他出生在一个贫寒的家庭，从出生到长大成人，他就不曾过上幸福的生活。他想，在这个世界上，恐怕再也找不到比自己更加不幸的人了。从小到大，他的生活就是有上顿没下顿，自从懂事以后，他就整日为了能吃口饭而奔波着。

想到小时候给富人放牛，长大后给人种田砍柴，结婚后为了家庭整日劳累，天天住着冬冷夏热的茅草屋，还要应承官府的苛捐杂税，所有的一切对他来说都是一种折磨和痛苦……

闭上眼睛，脑海中浮现出一幅幅惨不忍睹的场景。于是，他想到了死。

过了一会儿，死神赶来了，问砍柴人有什么需要帮助的。

“请您帮我抬起这捆柴，放在我的背上吧。我想我不会耽误您太长时间的。”砍柴人用足了力气，微笑着对死神说。

成长感悟

砍柴人本来可以请死神把他带走，永远摆脱这种痛苦。但他却没有这样做，宁愿受罪也不愿去死。难道这不是给我们的启示吗？

我们既然来到了这个美丽的世界，就得珍惜生命。在某种意义上说，生要比死更难。死，只需要一时的勇气；而生，却需要一世的胆识。希望每一个人都能成为真正的勇士，用自己的勇气去面对生活，活出生命的精彩。

生命的对手

有动物学家曾经做过这样一个实验：

在两个荒岛上，分别养着两类食草动物，一类是善于奔跑，体格强健的羚羊、野鹿，另一类则是行动迟缓的猪、羊和兔子等动物。后来，实验人员又分别在这两个岛上放了几只凶猛而敏捷的猎豹。

有羚羊和野鹿的岛上，猎豹们为了捕食，不得不对这些被捕的对象狠狠地追逐。然而，那些猎物跑得太快了，猎豹们稍微迟钝一点就会跟丢，令它们自己饿肚子。

在另一个岛上，猎豹们就悠闲多了，它们更多的是在树荫下睡大觉。它们不会为食物而担忧，因为那些行动迟缓的动物很少能逃过它们的追捕。

几年后，实验人员又把两个岛上的猎豹运送到同一片大草原上。那些以捕食羚羊和野鹿为生的猎豹没有太大的变化在大草原上生活得很好。

相反，那些与猪、羊、兔子为伴的猎豹的情况变化很大。由于大草原上没有像黄牛、猪、羊等行动缓慢的动物，所以它们很少能捕捉到猎物。即使有时看到那些刚出生不久的弱小羚羊，这些猎豹也无法追上。就这样，捕捉不到猎物的猎豹们，最后只能被活活饿死。

实验人员叹息说："太弱的对手，使它们自己也退化了。如果它们一直以羚羊等矫健的动物为对手，那么它们就不会被饿死。"

成长感悟

与强健的羚羊、野鹿生活在一起的猎豹为了生存，逐渐变得更加强大；而那些终日与行动迟缓的动物为伍的猎豹，最后被活活饿死在了辽阔的草原上。

这个故事让我们领悟到，不要惧怕生活，生活中的压力往往可以让我们变得更强。

对手的能力决定着我们的能力，不要为自己的对手太弱而庆幸。要想让自己强大起来，你就要选择那些强硬的对手，这是我们成为强者的巨大动力。

生命是一场旅行

一只山羊在山脚下吃草，当它抬头看到半山腰的草比山脚下的草更加浓郁时，它这样想道："山脚下的草看起来比半山腰的草差多了，我还是去吃半山腰的草吧。"

于是，山羊打定主意要去半山腰吃草。

山羊爬呀爬，爬到了半山腰。果然，半山腰的草又肥又绿，比山脚的草强多了。后来，山羊想："是不是越往山上走，草就越鲜美呢？我想我还是去吃山顶的草吧，那儿的草肯定会比山腰的草还要肥，还要绿。"

就这样，山羊又给自己定下一个目标：去山顶吃草！

山羊爬呀爬呀，它累了，爬不动了。它想，我不怕累，山有多高我爬多高。

山羊爬呀爬呀，它更累了，更爬不动了。它还是想，我不怕累，山有多高我爬多高。

过了很长的时间，山羊才爬到离山顶不远的地方。

山羊用了一生当中最美好的一段时光来爬这座山，它一心想着山顶上鲜美的草，但它忽略了在自己身边其实就有一片又一片美丽的草地。

山羊固执地往上爬，终于，它到达了山顶。它已没有一丝力气，它知道它将永远留在这座山上，留在这个命运为它预定的地方。

山羊看见了自己的归宿——其实，山顶上根本没有草。

成长感悟

山羊的欲望无休无止，它只顾向上爬，可是到达山顶后，它才突然发现，原来这里一片荒芜，一无所有。

生命是一场漫长而精彩的旅行，如果我们只在乎目的地，而忽略了沿途的风景，那这样的人生是不是充满了遗憾呢？所以，我们不能只顾埋头赶路，而是应该放平心态，在赶往终点的同时，拥有一个幸福快乐的完美过程。

一个南瓜能承受的压力

美国麻省某学院曾进行过一个很有趣的实验：

用很多铁圈将一个小南瓜整个套住，观察它逐渐长大时，能抵抗住来自铁圈的压力有多大。刚开始，实验人员估计，南瓜最多能够承受500磅的压力。

在第一个月的实验中，南瓜就承受了500磅的压力；到了第二个月，这个南瓜承受了1500磅的压力；当它承受到2000磅的压力时，实验人员开始对铁圈进行加固，以免南瓜将铁圈撑开。

当承受的压力超过5000磅的时候，南瓜因为巨大的反作用力而产生破裂。于是，实验到此结束。

当实验人员取下铁圈时，他们费了很大的力气才打开南瓜。但，那个南瓜已经无法食用了。为了突破那重重铁圈的挤压，南瓜中间竟然形成了坚韧而牢固的层层纤维。而南瓜的秧部，为了吸收充分的养分，以便提供向外膨胀的力量，其根系总长竟然超过了8万英尺，所有的根不屈地往各个方向伸展，几乎穿透了整个花园的每一寸土壤。

看到这样一种情景，实验人员不禁震惊了……

成长感悟

一般情况下，我们是很难相信一个南瓜竟能承受如此大的压力。同样，在逆境中，我们也很难想象一个人究竟能够承受多大的挫折。假如一个小小的南瓜就能承受如此巨大的压力，那么人也一定能够承受。因为生命的潜力远远大于我们对它的估计。

青少年朋友，在漫长的生命旅程中，我们会承受很多来自外界的压力，但是，不要惧怕，用你的勇气去面对、去抗衡。要知道，生命的潜能是惊人的，只要你足够坚强，你的生命就一定能开出绚烂之花。

柔韧让生命更顽强

在白雪覆盖的阿尔卑斯山脉的南坡峰顶上，有一片苍苍茫茫的原始森林。这是一片古老的森林，由于长期的寒冷和冰冻，这里只生存着两种树木，一种是秀颀的美洲杉，另一种是伟岸飘逸的雪松。

然而，让人十分吃惊的是，在这片原始森林里，所有高大挺拔的美洲杉树都没有顶梢。当地人解释说："这些美洲杉长得太高了，几乎长进了天堂里，所以上帝就把它们的顶梢一一折断了。"

其实，这种解释很是勉强。因为与这些美洲杉混生在一起的雪松，它们的顶梢甚至比美洲杉还要高，但它们却安然无事。

面对这些比美洲杉长得更高，顶梢却完整无缺的雪松，当地人只能含糊其辞地说："也许是上帝偏爱这些雪松吧。"

难道是上帝偏心吗？直至**19**世纪中期，一队植物考察人员经过考察才发现，折断美洲杉顶梢的并不是上帝，而是阿尔卑斯山南坡的巨大风暴。这些来势凶猛的狂风暴雪，残忍地折断了这些高大挺拔的美洲杉树梢，使得这些美洲杉成了"没有头颅的树"。

那么，风暴为什么仅仅摧折了美洲杉的顶梢，而和美洲杉混生在一起甚至比美洲杉更高的雪松却安然无事呢？

"因为雪松自身的柔韧性。"植物学家解释说，"美洲杉没有柔韧性，它那僵硬的顶梢难以承受来自暴风雪的巨大力量，所以它们的顶梢被折断了。而雪松不同，它们的枝条具有良好的柔韧性，当暴风雪来临的时候，它们的枝条随着风向飞舞，丝毫没有受到风向的压力。此外，上面那厚厚的积雪，也被它们柔韧的枝条抖掉了。所以，再大的风暴，对这些雪松来说也没有太大的影响。"

成长感悟

"身材"高大的美洲杉，看似挺拔坚强，却被暴风雪轻易地折断了"头颅"；而韧劲十足的雪松却抖落了风暴，保持了生命的安然。原来，一颗坚韧的心，可以让生命变得如此强大。

那么，为什么我们不学学雪松呢？在我们起伏不定的生命里，当苦难和挫折一次次袭击我们时，我们为什么不学学雪松，来摇动我们命运的枝条，让自己在苦难面前活得更潇洒一些呢？

顽强燃烧的生命

第二次世界大战时期，在纳粹集中营里，有一个名叫玛莎的犹太女孩写了这样一首诗：

这些天我一定要节省，虽然我没有钱可省；

我一定要节省健康和力量，足够支持我很长时间。

我一定要节省，我的神经、我的思想、我的心灵和我精神的火，

我一定要节省流下的泪水，

我需要它们安慰我。

我一定要节省忍耐，在这些风暴肆虐的日子；

在我的生命里，我需要那么多的温情和一颗善良的心，

这些东西我都缺少；

这些我一定要节省。

这一切，上帝的礼物，我希望保存，

我将多么悲伤，倘若我很快失去了它们。

即使在随时都可能死去的情况下，玛莎仍然热爱着生命。她节省泪水，节省精神之火，用稚嫩的文字给自己弱小的灵魂取暖，用坚韧的希望照亮黑暗的角落。

在那个残酷的年代，有很多人在绝望中死去了，无论是大人还是孩子，无论是男人还是女人。而这个当时只有 **12** 岁的小女孩玛莎，终于等到了战争的结束，看见了新生的曙光。

成长感悟

生活在和平时代的我们，沉浸在幸福生活中的我们，有没有想过要节省点什么，需要些什么呢？一个人，只要信心之火一直不熄，生命之火就会更加顽强地燃烧下去。

亲爱的青少年们，无论面对人生多大的风浪，都一定要有一颗坚强活下去的心。风雨过后总会见彩虹，当命运的风波平息之后，生命会绽放出更加绚烂的光芒。

生命不能太负重

一个年轻人背着一个大袋子，千里迢迢来山上拜见一位得道高僧。

年轻人对高僧说：“大师，我是那么的孤独、寂寞与痛苦，长期的跋涉使我疲惫到极点；我的鞋子破了，我的双脚也被山路磨出了血泡；我的双手受伤了，被我身上的大袋子勒出了深深的沟壑；我的嗓子干渴极了；我的心里烦躁极了……我每天都感觉到自己非常的不快乐，我要怎么办呢？”

高僧问：“年轻人，你背的袋子里装的是什么？”

年轻人说：“它对我非常重要，这里装的是我每次跌倒时的痛苦，每次受伤后的哭泣，每次孤独时的烦恼……”

高僧听完，没有说什么，他领着年轻人过了一条河。上岸后，高僧对年轻人说：“你扛着船赶路吧！”

年轻人很惊讶，说：“您不是难为我吗，那么重的船，我能扛得动吗？”

高僧微微一笑，说：“过河时，船是有用的。但过了河，我们就必须要放下船赶路，否则它会变成我们的包袱。痛苦、孤独、寂寞、灾难、眼泪，固然能使你的生命得到升华，但刻意不忘，就成了人生的包袱。放下吧！年轻人，生命不能太负重。”

听了大师的话，年轻人放下了身上的袋子，继续赶路。他发现自己的步子轻快多了，心情也愉快起来了。此时他才明白，原来，生命真的可以不必如此沉重。

成长感悟

当年轻人把痛苦、孤独、寂寞、灾难、眼泪通通背负在自己的肩上后，他发现自己的脚步是如此的沉重，他甚至感觉不到生活的快乐。

生活中有着太多的不幸，如果我们不能把它们放下，就会成为我们人生的包袱，会给我们带来太多的痛苦和烦恼。只有把这些东西放下，以轻松自然的心态去面对生活，我们的生命才会更简单、更幸福。

为了寻找那只丢失的羊

在苍茫的大草原上，有一位辛勤劳作的牧羊人，他放牧着500只羊。为了让羊吃到鲜美的牧草，喝到清澈的河水，牧羊人起早贪黑，每天都在忙碌着，一点都不敢马虎。

他每天早晨把羊群从羊圈赶到大草原，天黑之前再将羊群赶回羊圈，为了保证不丢失一只羊，牧羊人每天都会在天黑之前清点一下羊的数量，生怕不小心漏掉一只。

一天黄昏，当牧羊人准备把羊赶回羊圈时，突然发现少了一只羊。

牧羊人非常着急，他想一定要找到那只走丢的羊。于是，牧羊人来不及把羊群带回羊圈，就转身走出去找羊了。

牧羊人一直往前走，越走离他的羊群越远，结果一直到深夜，他才在一个杂草丛生的小河边找到了那只走丢的羊。

当牧羊人抱着那只羊赶到羊群所在的地方时，他发现自己的羊竟然有十多只跑出去了。于是，着急的牧羊人放下刚刚找到的那只羊，又冲进草原去寻找那十多只跑出去的羊了。

经过几个小时的努力，牧羊人终于赶回了那些跑出去的羊。但是等他回来一看，发现竟然又有更多的羊跑得无影无踪。

成长感悟

生活对于每个人来说，都是放牧着自己的一群羊。有的叫学习，还有的叫娱乐，有的叫事业，有的叫友情……很多的时候，我们为了寻找其中的一个，而丢失了更多。

如果为了一个小小的损失而拼命追赶，我们会失去更多。其实，对于我们来说，丢掉一个就丢了吧，毕竟，我们的生活还需要继续，鱼与熊掌不可兼得，守住眼前的东西，才是最重要的。

儿子的请求

这是一个来自越战归来的士兵的故事。他从旧金山给父母打了一个电话："爸妈，我回来了，可是我有个请求。我希望能带一个朋友同我一起回家。"

"当然好啊！"父母回答，"我们欢迎你们早日回来。"

儿子顿了顿，接着说："可是有件事我想先告诉你们，他在越战里受了重伤，少了一条胳臂和一只脚，他现在走投无路，我想请他回来和我们一起生活。"

"儿子，我很遗憾，不过或许我们可以帮他找个安身之处。"父亲听了儿子的话后，和母亲互相看了看，然后又接着说，"儿子，你应该明白，像他这样的残疾人会对我们的生活造成很大的麻烦，毕竟，我们还要有我们自己的生活。我建议你先回家，然后把他忘掉，他会找到自己的一片天空的。"儿子听着父亲的话，默默地挂上了电话，他的父母再也没有得到他的消息。

几天以后，这对父母接到了来自旧金山警局的电话，警方说，很不幸，他们的儿子已经坠楼身亡了。警方相信，这是一次自杀案件。夫妻俩伤心欲绝地飞往旧金山，并在警方带领下来到停尸间辨认儿子的遗体。没错，那的确是他们的儿子，但令人惊讶的是，儿子居然只有一条胳臂和一条腿。

成长感悟

当儿子听到父母对残疾人抱有的偏见后，对人生失去了信心，最终选择了自杀。这是一个愚蠢的做法，不管生活多糟糕，一个人都应该珍惜自己的生命，死亡不会解决任何问题，反而会给关爱你的人带来痛苦。做人应该有宽厚仁爱之心，每一个人的生命都是宝贵的，都应该去尊重、去呵护。

我只看我拥有的

有一个叫黄美廉的女子，从小就患上了脑性麻痹症。这种病的症状非常惊人，肢体失去平衡感，手和脚会时常乱动，口里也会经常念叨着模糊不清的词语，模样看起来非常奇怪。根据她的这种情况，医生判定她活不过6岁。

在普通人看来，黄美廉已失去了一个正常人所必须的生活条件，更别谈什么前途与幸福了。可是，令人惊讶的是，她不但坚强地活了下来，而且靠着自己顽强的意志和毅力，考上了美国著名的加州大学，并获得了艺术博士学位。不但如此，她的爱好还很广泛，她喜欢画画，还能写一手优美的文章，在她的身上，充满了生命的惊奇。

在一次讲演会上，一位年轻人贸然地向黄美廉提出了这样的问题："黄博士，你从小就长成这个样子，请问你怎么看你自己？你有过怨恨吗？"黄美廉没有直接回答这位年轻人的提问，而是十分坦然地在黑板上写下了这么几行字：

一、我很可爱；

二、我的腿很长很美；

三、爸爸妈妈那么爱我；

四、我会画画，我会写文章；

五、我有一只可爱的狗……

当在黑板上写下这些话后，黄美廉转过身微笑着对这位年轻人说："我只看我所有的，不看我所没有的。"

成长感悟

每一个人都会深深地被黄美廉那种不向命运屈服、热爱生命的精神所感动。是啊，要想使自己的人生变得有价值，就必须要经受住磨难的考验；要想使自己活得快乐，就必须要接受和肯定自己。

其实，在这个世界上，每个人都有着不同的缺陷或不如意的事情，并非只有你是不幸的，关键是如何看待和对待不幸。不要抱怨命运的不济，不要只看自己没有的，而应该多看看自己所拥有的。

生命是一棵坚强的树

从前有两个人，他们都在一片荒漠上种了一片胡杨树苗。

树苗成活之后，第一个人三天两头给胡杨浇水，无论是冒着炎炎烈日，还是遇到黄沙飞石的天气，这个人都从不间断，即使是遇到雨天，他也会浇上一桶水，以确保树苗能够吸收足够的水分。

相比第一个人，第二个人就显得轻松多了。他只是在树苗刚栽下去的那几天浇过几次水，等到那些树苗成活后，就很少去浇水了。他只是每次去看看那些胡杨苗，碰到风雨天气，有胡杨苗被风吹倒的，他就会扶上一把，然后用铲子覆上一层土，让树苗自己生长。

凡是见过他们的人，都说第一个人的树苗肯定生长得很好，而第二个人的树苗能活命就算万幸了，别指望他的树苗能长大成材。

两年过去了，两个人种的胡杨树都长大了。

忽然有一夜，荒漠上刮来一阵狂风，紧接着电闪雷鸣，下起了暴雨。狂风暴雨施虐了整整一夜，第二天一早，人们看到两片胡杨林里一片狼藉。

然而，等人们走进胡杨林一看，不禁十分惊讶：辛勤浇水的那个人的林子惨不忍睹，凡是那些粗大点的树，几乎都被暴风连根拔起，即使有几棵还连着泥土，但也是长相瘦弱的小树，由于被其他粗壮点的树给覆盖，所以侥幸存活。而那个很少浇水的人的林子，虽然也是一片狼藉，但除了一些被风刮折的树枝，还有满地的落叶之外，几乎没有一棵树被风刮倒，更没有被连根拔起的

成长感悟

温床上是长不出参天大树的，当那些并不缺少水分和肥料的胡杨在狂风暴雨中纷纷倒下时，我们是不是可以从中领悟到一些生命的意义呢？

所以，生活中的艰难困苦并不可怕，生命只有经过暴风雨的洗礼，才会更加坚韧顽强。青少年们，不要被挫折吓倒，也不要向磨难屈服，用勇敢的心去迎接生活的挑战，你的生命之树将会更加茁壮挺拔。

现象。

大家都大惑不解。

后者微微一笑，说："他的树这么容易就被风暴给毁了，就是因为他浇水太勤，施肥太多的缘故。"

大家更是迷惑不解，心想，花草树木的茁壮成长不就是靠人辛勤的施肥浇水吗？难道这样做也会犯错误？

那人叹了口气说："其实树跟人一样，你对它太殷勤了，就培养了它的惰性，如果经常给它浇水施肥，它看起来长得很快，其实它的根一点没扎进泥土。你想，一棵根底很浅的大树，能经得起狂风暴雨的施虐吗？当然，我的林子不同，我只是在最初的几天浇水，等它们成活以后，就靠它们自己去汲取养分了。所以，它们不得不拼命地往下扎根，为的是汲取地下的水分和营养。有这么深的根，我就不会发愁它们长不好，也不怕狂风和暴雨了。"

大象的路标

在荒凉的非洲大草原上，有许多的野象群，它们每天都奔波在草原上，寻找适宜它们生活的环境。

这天，大象群浩浩荡荡地来到一片绿茵地，它们的到来似乎惊吓了周围的动物们，于是野鹿、狼、斑马等吓得四处乱窜。

有些动物跑进了那片绿地，过了一会儿就不见了踪影。原来，那表面看起来绿草如茵的地方，是薄薄的一层绿皮，它的下面是深深的泥潭和沼泽地。那些被惊吓的动物们在慌乱中跑到那里，结果被泥潭给吞没了。

然而，令人惊讶的是，当那浩浩荡荡的大象群经过时，竟然没有一个掉进里面。它们悠闲地穿过那一片片沼泽地，边走边啃绿皮上的青草，怡然自得地摇着尾巴，表情是那样的满足和享受。

人们很奇怪，为什么那些被惊吓的鹿和斑马等许多动物，只要经过这里，都会葬身于此，而这样一群庞然大物竟然能如履平地呢？经过动物学家的研究和探索发现，大象群之所以能如此轻松地经过，是因为它们有自己的“路标”。

其实，大象群的路标，也只不过是沼泽地上的小树丛。每一群大象穿越沼泽地时都要沿着这些树丛走，并且经过一棵一棵的树丛时，大象们都要用它们有力的鼻子，将树丛一边的树枝和叶子一点点折断和摘掉。

每一群经过这里的大象都会这样做，所以，时间长了，危险的沼泽地上都有这样一种现象：有一行横穿沼泽地的树丛，它们往往一边枝叶茂盛，而另一边则光秃秃的，几乎没有任何树枝和树叶。沿着这边的树丛走，就会避开许多险象环生的可怕泥潭，平平安安地走过漫漫沼泽地。

然而，更令人意想不到的是，维持这一种路标的往往不只是一群大象，每一群大象路过这片沼泽地时都会小心翼翼地这么做。或许在大象们看来，维护这个绿色通道的路标，是它们坚定的责任和义务。所以，庞大的象群可以平安穿过沼泽，而那些敏捷的狼和斑马们却只能身陷泥潭。

成长感悟

生命需要一条平安的通道，不管是我们经常经过还是偶尔路过，都不要忘记自己维护这条通道的责任。坚守这种责任，即使我们沉重如大象，也会如履平地地经过种种生命的沼泽。

在生活中，我们的道德、友谊、亲情等都需要我们去梳理、去维护，它们都是我们生命的路标，如果没有它们，我们的人生就会迷失方向。

懂得珍爱生命

在天界，引发了一场关于生命的讨论。众仙人纷纷提出这样一个问题：

生命究竟是什么？

一天，如来佛祖把弟子们叫到法堂前，问道："你们说说，你们天天托钵乞食，究竟是为了什么？"

"世尊，这是为了滋养身体，保全生命啊。"弟子们几乎不加思索地回答。"那么，肉体生命能维持多久呢？"佛祖反问到。

另外一个弟子想了想说："人的生命在春夏秋冬之间，春夏萌发，秋冬凋零。"

佛祖还是笑着摇了摇头："你觉察到了生命的短暂，但只是看到生命的表象而已。"

"世尊，我想起来了，人的生命在于饮食间，所以才要托钵乞食呀！"又一个弟子一脸欣喜地答道。

"不对，不对。人活着不只是为了乞食呀！"佛祖又加以否定。

弟子们面面相觑，一脸茫然，都在思索另外的答案。这时，一个烧火的小弟子怯生生地说道："依我看，人的生命恐怕是在一呼一吸之间吧！"

佛祖听后，连连点头微笑。

成长感悟

生命是短暂的，它在于一呼一吸之间，在于一分一秒之中，如流水般消逝，永远不复回。因此，我们要学会珍惜时间，珍爱短暂的生命。

俗语说，一寸光阴一寸金，寸金难买寸光阴，即使你伸出自己的双手，也无法阻挡川流不息的时光。青少年朋友，珍惜生命的最好办法就是不浪费时间，把时间用来做有意义的事情。

Chapter

10

做最优秀的自己

无法像尼罗河那样深邃幽远，就化为清冽的溪水畅游在山涧；不能拥有太平洋那样的广袤浩瀚，就做一簇洁白的浪花淹没在无垠的蔚蓝中。构筑自己的梦，那里有你最美丽的风景。做人不应刻意去比对别人，你纯真的脸，你诚恳的心，你温暖的笑容，你的所有的一切才是最本真的你。你永远是独一无二的，认清自己，发现自己，相信自己，做最优秀的自己。

永远坐在前排

在英国一座普通的小城镇里，一个名叫玛格丽特的女孩，从小就在父亲的严格管教下成长。她的父亲总是向她灌输这样的思想："无论做什么事情都要力争一流，永远走在别人的前头，而不能落后于别人。"她的父亲从来不允许她说"我不能"，或者"太难了"这一类的话语，她的父亲甚至要求她，"即使是坐公交车，你也要永远坐在前排。"

正是父亲这种近乎残酷的教育理念，培养出了玛格丽特积极向上的决心和信心。在以后的学习、生活或工作中，她时时牢记父亲的教导，总是抱着一往无前的精神和必胜的信念，尽自己最大的努力克服一切困难。做好每一件事情，事事必争一流，以自己的行动实践着"永远坐前排"的誓言。

后来，玛格丽特进入大学学习，当时学校要求学5年的拉丁文。对于别的学生来说，要想学好拉丁文，5年是一段很短的时间。但是，玛格丽特却凭着自己顽强的拼搏精神，仅在一年之内就学完了所有的拉丁课程，令人难以置信的是，她的考试成绩居然名列前茅。

当然，玛格丽特不仅学业优秀，而且她在体育、音乐、演讲等方面也很出类拔萃。当年她所在学校的校长曾这样评价她："她无疑是我们建校以来最优秀的学生，她总是雄心勃勃，每件事情都做得很出色。"

正是在这种"永远坐在前排"的精神激发下，40多年后，玛格丽特成为英国乃至整个欧洲政坛上一颗耀眼的明星。她连续4年当选保守党领袖，并于1979年成为

成长感悟

"永远都要坐在前排"是一种积极、自信的人生态度，它可以激发你积极进取的精神，促使你努力把梦想变成现实。玛格丽特正是在这种精神的鼓励下，获得了人生的成功。

所以，一定要相信自己，用坚定的信念去鼓舞自己，坚持去走自己的路，不向任何困难低头，直到攀登上理想的巅峰，让生命散发出耀眼的光辉。

英国第一位女首相，她雄踞政坛长达11年之久，被誉为“铁娘子”，她就是玛格丽特·撒切尔。

认清自己的角色

一个农夫养了一头驴子和一只哈巴狗。

驴子每天被关在槽头，虽然每天都吃得很饱，可是会被主人拉到磨坊里拉磨，去树林里托运木材，到农田里拉着犁头耕地。驴子觉得自己每天活得特别累。

再看那只会摇尾巴的哈巴狗，它会演很多小把戏，总是把主人哄得开开心心，有时主人一高兴，还会给它吃一些好吃的点心，甚至还会给它买漂亮的狗饰物。

看着哈巴狗不用劳累，只需要动动嘴巴就可以讨主人欢心，甚至还能从主人那儿得到很多的奖赏，驴子开始抱怨自己的生活。驴子想，命运对自己是这样的不公，它想改变自己的现状，也要像哈巴狗那样，讨主人欢心，为主人要一些小把戏。

果然，机会来了。驴子扭断了缰绳。它很兴奋地跑进主人的房间，也像哈巴狗那样，围着主人踢腿，昂起头朝主人撒娇大叫。

结果，驴子将主人家的桌子撞翻了，碗也打碎了，更让主人生气的是，它那难听的叫声刺伤了主人的耳朵。

然而，驴子觉得这样还不够，它居然趴到主人的身上，学着哈巴狗的样子，去舔舐主人的脸和手。驴子的动作把主人吓坏了，直喊救命。

成长感悟

无论驴子再怎么装可爱，都不会像哈巴狗那样讨主人欢心，甚至还不如从前的自己，毕竟这不是它的角色。

所以，愿望和现实往往是两码事，只有摆正自己的位置，认清自己的角色，做好自己应该做的事情，你才能得到他人的认可。每个人都是独一无二的，我们不必刻意模仿他人，做真实的自己就足够了。

人们听到了驴子主人的求救声，纷纷拿着棍棒赶了过来。大家跑来一看，原来是驴子在冲它的主人又踢又叫，于是一起用力拉住了它。被众人拉住的驴子，正等着主人的奖赏，没想到平静下来的主人拿起木棍，狠狠地打了它一顿，还骂它是发疯的畜生。就这样，本来想讨好主人的驴子，不但挨了一顿打，还被主人换了一个粗粗的缰绳，重新拴在了槽头上。

发现自己的优势

在一座大森林里，动物们决定要干一番勇敢的事业，以便让大家在艰苦的自然环境中生存下去。经过大家的一致商讨，动物们决定建立一所学校。它们把跑步、爬树、游泳和飞翔作为学校的活动课程。另外，为了方便管理，所有动物都要参加全部科目的训练。

鸭子最擅长游泳，实际上它的游泳技巧比教练都要好，但是它很不擅长跑步。由于鸭子的跑步成绩很差，样子也很难看，所以教练就让它在学校不停地练习。结果，鸭子不停地跑步，不停地锻炼，最后把自己的脚掌都磨破了，结果不但跑步没有练好，连游泳的成绩也退步得很厉害。

在跑步课程中，兔子是全班跑得最快的，但它的游泳成绩比较差。教练每天都逼着兔子游泳，由于一次次的补考，兔子患上了脑神经衰弱。

松鼠爬树成绩优异，可后来被飞翔课搞得灰心丧气，因为老师让它从地面向上飞，而不从树上向下飞。

成长感悟

每个人都有自己的长处和短处，我们不必羡慕别人的长处而丧失信心，甚至为了做一些自己不可能做到的事情，毁了自己的优势。

现代社会竞争越来越激烈，为了能使自己更加适应现实生活，我们不但要取长补短，更应该扬长避短。要知道，一个人不可能在每个方面都足够优秀，我们应该学会找到自己的长处，努力将自己的优势发掘出来，这样才能做最优秀的自己。

由于练得太用劲儿，它把肌肉扭伤了，结果爬树得了C，跑步得了D。

动物中，教练说鹰是最不听话的，它不得不被严加约束。然而，在爬树课上，鹰坚持使用自己的方式，首先到达树顶，成为全班第一。

终于，学年结束了，一条游泳技术超群，在跑步、爬树和飞翔方面也略具本领的畸形鳝鱼平均成绩最好，最后成为全校代表致辞全校师生。

放低自己的杯子

从前有一个年轻人，他一直梦想自己能成为一个画家。有一天，他来到了深山中的一座寺庙里，他对庙中的一位老和尚说："我不断地寻找绘画大师，想拜他为师，可是直到现在，我依然没有找到这样的大师。"

老和尚笑着问道："那么你走了这么多的地方，难道连一个值得自己学习的老师都没有吗？"

年轻人说："是啊，我拜访了很多画家，可是我看了他们的画，觉得他们的画技还不如我呢。"

老和尚听了，淡淡一笑，说："老衲虽然不懂丹青，但也喜欢收藏一些名家作品。既然施主的画技无人能比，那就请为老衲留下一幅墨宝吧。"

年轻人没有拒绝，他当场拿出笔墨纸砚，然后问老和尚："您想让我画什么呢？"

老和尚说："老衲非常喜欢喝茶，而且对古朴茶具颇为衷爱。施主就为我画一个茶杯和一个茶壶吧。"

年轻人一听，笑着说："这太简单了！"于是他挥毫泼墨，顷刻间就画出一个倾斜的水壶和一个典雅的茶杯。只见画中水壶的壶嘴正徐徐吐出一脉茶水来，注入到了那茶杯中去。

年轻人问老和尚："这幅画您满意吗?"

老和尚笑着摇了摇头，说："施主的画技确实了得，只是你把茶壶和茶杯放错位置了，应该是茶杯在上，茶壶在下呀。"

年轻人听了哈哈大笑："老师傅，你怎么如此糊涂，茶壶往茶杯里注水，肯定是茶杯在下茶壶在上啊！"

老和尚听了，又是微微一笑说："施主，原来你懂得这个道理啊！你一直想往自己的杯子里注入绘画大师的香茗，但你总把自己的杯子放得比那些茶壶还要高，试问香茗怎么可能注入你的杯子里呢？所以，请记住，把自己放低些，才能吸纳别人的智慧和经验。"

成长感悟

故事中的年轻人心高气傲，眼睛里根本看不到别人的长处，又怎么能从别人的身上学习到优秀的东西呢？做人应该像一只谦虚的杯子，把自己放低，才能让香茗注入。

所以，要想做最优秀的自己，首先要正确地认识自己。江海之所以能成为百谷之王，是因为它知道自己处于低洼，所以愿意张开胸怀去容纳一切水流。同样，你要想拥有辉煌的事业，让自己做一个优秀的人，就应像百川一样敞开自己的胸怀，接纳别人的长处。

让自己成为钻石

有一个商人的儿子，他总是在向他的父亲抱怨："亲爱的父亲，我认为自己一点儿也不比别人差，但是，为什么他们总是有那么好的机遇，而我却没有呢?"

父亲微笑着说："孩子，因为你总是把自己和你的同伴比，这怎么可以呢？要想让机遇找到你，你需要比别人多点什么吧?"看儿子没有听明白，父亲便从自己的珠宝箱里取出一粒闪闪发光的石粒说："你看，这是一粒钻石，也是一粒石粒，你想得到它吗？”

“父亲，我想得到呢，这可是一粒昂贵的钻石，很多人都想得到它呢。”商人的儿子眼睛一亮，很兴奋地对父亲说。

“那好，我把它丢进这沙石堆中，你在最短的时间里把它找到吧。”说完，商人随手丢了一下，并用木棍在沙石堆里搅了几下。

商人的儿子蹲下身来，用那根小木棍搅动沙石堆。但是，他整整找了半天，把整个沙石堆都翻了一遍，仍然没有找到那粒钻石。

“父亲，我没有找到，这钻石原来混在沙石堆里也很难分辨出来了啊。”儿子很遗憾地说，“我还以为钻石很好分辨呢。”

“孩子，我刚才放进去的是一粒普通的石子，钻石在我这里，你当然发现不了了。”商人笑了笑，从口袋里掏出那粒钻石，“现在我把它丢进去，看看这次你能不能很快找到。”

商人把钻石丢进沙石堆，然后又搅了很久，这才让儿子找钻石。

结果还不到两分钟，儿子就找到了那粒钻石。

商人说：“那个普通的石粒你为什么找半天都没找到，而这粒钻石你在不到两分钟的时间就找到了？”

商人的儿子说：“因为这粒钻石与普通的沙石不一样，所以就很好找了。”

商人笑着说：“是啊，你总是埋怨机遇找不到你，那是因为你太普通了。如果你先把自己变成一颗钻石，无论你身在哪里，机遇都会找到你的。”

成长感悟

把一粒沙石丢进石堆中，马上就找不到了，但是把一颗钻石放进石堆中，你很快就可以找到它。因为不管到了哪里，钻石始终是钻石，始终会发出耀眼的光芒。

有一些人总是埋怨机遇找不到自己，总是羡慕别人的幸运。那是因为我们只是一粒普通的沙石，要想让机遇找到自己，我们必须首先让自己变成钻石。

超越自我，做最好的自己

吴士宏被人们称为“打工皇后”，她从一个“毫无生气甚至满足不了温饱的护士职业”，先后当上了IBM华南区的总经理、微软中国总经理、TCL集团常务董事及副总裁，她之所以取得这样的成功，靠的就是一种不断超越自己的进取精神。

吴士宏曾经是北京一家医院的普通护士，用她的话说，那时的她除了自卑地活着，一无所有。后来，她自考英语专科，每天挤出**10**小时的时间用在学习上，终于拿到了自己的大学文凭。

学业完成后的一次偶然机会，吴士宏进入了IBM公司，她一开始做的是“行政专员”。其实她当时的工作与打杂无异，什么活都干。身处一群有着无比优越感的真正白领阶层中，吴士宏感到了巨大的压力，常常觉得自己没有能力，没有价值。

吴士宏是一个善于“成长”的人。她不断地学习、实践、超越，再学习、再实践、再超越。刚进IBM时，吴士宏几乎什么也不会，连打字都是从头学起。但是她没有气馁，而是拼命学习一切与工作相关的东西。

刚开始做销售时，她给自己定下了要“领先半步”的目标，她觉得“不把自己累到极点就觉得不够努力对不住自己”。终于，在付出了辛苦和心血之后，吴士宏联系到了第一个大客户，让自己的事业迈出了一大步。

1994年，吴士宏去了IBM华南公司，她在那里带起了一支队伍，和自己的部下一起成长，一起做出了辉煌的业绩。吴士宏这样说：“我学会了做经理，克服了偏

成长感悟

有一句老话说得好：“胜人者力，自胜者强。”一个人只有战胜自己，超越自己，才能成为一个真正的强者，才能做最好的自己。

只有那些正视挑战，敢于挑战的人，才能突破现状不断地向前迈进。“打工皇后”吴士宏就像高尔基笔下那只在暴风雨前逆风飞扬的海燕，无畏，无惧，展示生命的价值。她的人生就是一个与自己不断赛跑，超越自己的奋斗历程。

执，懂得了大度，能凝聚起不同文化背景的各类优秀人才，真正懂得了什么是经理人。我学会了如何思考，如何让自己的生命得到升华。我的下一个目标，不是超越别人，而是超越自我。”

吴士宏的成功史，是一部坚强女人不畏困难的奋斗史。她没有被学习和工作中的困难所吓倒，她用自信和坚毅与自己赛跑，从中领悟了超越自我的含义。

没有学历的漫画家

成长感悟

蔡志忠成功了，正是由于他能够发现自己的优点，并为之付出行动。

事实上，每个人都有天才的特质，只不过很多时候我们没有充分地了解自己；即使了解了自己，也因为自卑或其他原因放弃了证明自己才能的机会。

有时候，人们总是错误地为自己的人生定位，很多人都把自己的目标设定在自己并不擅长的领域中。这样往往南辕北辙，适得其反。青少年们，你们应该找准自己的位置，做自己擅长做的事，这样才更容易取得成功。

曾有一个15岁的台湾男孩，他从小就喜欢画漫画。在初中二年级的时候，这个小男孩选择了退学，他带着投漫画稿赚来的250元稿费来到台北，决心要用自己的画笔闯出一翻天地。

然而，现实是残酷的，男孩儿很快就面临到学历的问题，虽然台北的招聘广告满大街都是，但大多数都严格标有“大学相关科系毕业”一项条件。不过，男孩儿并没有因此泄气，他不相信学历是衡量一个人能力的唯一标准，他相信自己的实力，默默地告诉自己：我一定能行！最后，这个男孩儿靠着自己的才华和坚定的信念，击败了另外29名应征的大学毕业生，成功进入了一家大型漫画公司。

随后的几年时间里，男孩儿凭借着自己的不懈努力，迅速在台湾漫画界异军突起。他的“庄子说”“老子说”等系列漫画受到广大读者的喜爱，他一度成为全台湾纳税额最高的一位漫画作家，很多作品还被译成了世界各国文字向国外输出。也许你已经猜出来了，不错，这个当年的小男孩儿就是著名的漫画家蔡志忠。

蔡志忠曾经对媒体说过这样一句话："一个人一定要了解自己。有人适合做总统，有人适合做运动员。如果一个适合从事运动的人以做总统为人生目标，那他的一生将会痛苦不堪。而我，不偏不倚，就是适合做一个漫画家。"

给自己一片悬崖

在非洲草原上，有这样一个令人吃惊的画面：

一群刚刚学会奔跑的小羚羊在草原上吃草，忽然，周围冲过来几只凶猛的猎豹和猛狮，小羚羊吓得四处逃窜。

这时，一只成年羚羊飞奔过来，它引领着小羚羊箭似的奔出平坦的草原，然后奔向险峻的山岭。

动物学家惊讶地发现，羚羊群在逃命的时候，它们总会首先选择一些悬崖最多的山岭，尤其是那些陡峭的山崖。就像上面这一幕，当猎豹和猛狮来势凶猛时，领头的羚羊会在瞬间一跃而起，它会果断地引领着羚羊们避开重重拦截，向距离最近的悬崖奔去。

其实，如果就奔跑的速度来说，一只成年的壮羚羊如果在草原上奔跑起来，即使是那些快如闪电的猎豹和猛狮也是很难追上的。那么，羚羊为什么在生命攸关的时刻，非要给自己选择一片摔下去就会粉身碎骨的悬崖呢？

原来，那些在草地上奔跑的幼羚羊，它们的腹肌还

成长感悟

给自己一片悬崖。幼羚羊不但能躲避危险，还能提升自己的奔跑速度，这就是置之死地而后生的道理。我们也应如此，给自己一片悬崖，绝地往往可以让你重生，创造奇迹，让你做不一样的自己。经历了风雨才能看见彩虹，战胜了磨难后，你会变得更加坚韧和顽强。

因此，亲爱的青少年朋友，不要总让自己的生活过得过于安逸，多给自己一些挑战，往往会让自己进步得更快。

没有被最大化地拉开，即使它们撒开四蹄拼命地奔跑，它们的步幅也不过是3米左右。但为了逃命，幼羚羊那拼命的一跃，不但为自己争取了一次可以活命的机会，还可以增强其自身的力量。

动物学家这样解释，在面对前是虎狼后是悬崖的情况下，为了让自己免于成为虎狼的大餐，幼羚羊就会积聚起足够的力量，拼命地一跃。幸运的羚羊会越过深渊，跳到对面的山坡或峰顶上；而那些不幸的羚羊会跌落到渊底或悬崖断壁上。但由于它们身体的柔韧和矫健，也不会遭到太大的损伤。

不同的是，经过跃崖的幼羚羊，它们的腹肌都有不同程度的拉伤，但拉伤恢复后，它们飞奔的步幅会明显增加，差不多可以达到近4米。有这样的步幅，如果在草原上飞奔起来，雄狮和猎豹们往往是望尘莫及的。

这就是羚羊们给自己选择悬崖的原因。

一个美国人的黄金梦

第一批到美国西部淘金的人都成了大富翁。于是，一夜暴富的狂热梦想，使得更多的美国东部人都愿意舍弃家园，一窝蜂地涌到西部去淘金。

当然，东部人的淘金热潮不可避免地波及了一些原本居住在西部的土著人，杰拉瑞就是其中的一个。

杰拉瑞是美国西部靠近中部的一个土著居民。很多年来，杰拉瑞一家一直靠种地为生，他们有自己的农场，还有一片浓郁苍翠的橡胶园。

多年来，杰拉瑞的祖辈很敬业地经营着这片农场，虽然说一家人不能积蓄太多的财富，但他们的日子过得温馨舒适、其乐融融。

西部淘金热风行后，看着一群群原本一无所有的淘金人一夜之间不可思议地迅速成了大富翁，杰拉瑞再也没有心思整日固守着自己这片农场了。

于是，杰拉瑞动员自己的家人卖掉农场，然后全家一起搬到遥远的西部去淘金。他的妻子劝道："杰拉瑞，我们已经在西部了。这里是我们世代生活的地方，况且我们的生活也已经很不错了，为什么要搬到更远的西部那个人生地不熟的地方呢？"

杰拉瑞说："我们这里是西部没错，可是我们这里并没有黄金。那些金灿灿的黄金藏在西部更远的地方，正等着我们去挖掘呢。到了那里，我们会很快富有起来，甚至还可以成为千万富翁、亿万富翁。可是，我们这里有什么呢？只是一些毫无价值的泥土和破草罢了，这里是不可能给我们带来任何财富的。"

最终，在杰拉瑞的一意孤行下，全家人只好廉价地卖掉了农场和橡胶林，卖掉了这块土地。他们带着简单得不能再简单的行囊，参加到往西部淘金的队伍中去。

几年过去了，杰拉瑞和他的家人回来了。虽然他们也淘到了一些黄金，但并没有像他想象中的那样成为大富翁。然而，令杰拉瑞和他的家人吃惊的是，他们家的农场和橡胶园，如今成了一个远近闻名的大金矿。

杰拉瑞懊悔极了，他怎么也没想到，原来自己的脚下就有金子，而他却跑到偏远的西部，还白白丢失了这么一个大金矿。

后来，这个故事被一个哲人听说了，为此他撰文提

成长感悟

杰拉瑞没有关注自己的脚下，他只是一味地眺望更远的西部，以为那里会有让他腰缠万贯的黄金。可是他的希望落空了，他万万没有想到，原来自己脚下的农场就是一个大金矿。

很多时候，我们也是这样，只看到别人的优点，却看不到自己的长处。其实，你的脚下肯定也有黄金，重要的是你能不能弯下腰去发掘你自己。要知道，与其一直模仿别人，不如做最优秀的自己。

醒世人："人人脚下有黄金，它可能离你只有一层浅土的距离，关键是看你肯不肯弯下腰去发掘它！"

生命的价值

在一次精彩的演讲中，演说家在说了第一句开场白之后，很久没有说话，只是手里拿着一张崭新的20美元的钞票，高高地举过头顶。

在安静的会议室里，演说家面对惊讶的人们，他终于说话了，他问："谁要这20美元？"

安静的台下顿时发出一片喊叫声，随后一只只手举了起来。看着台下举起的右手，演说家接着说："我打算把这20美元送给你们其中的一位。但在这之前，请允许我做一件事情。"

演说家说完，便把那崭新的20美元揉成皱皱的一团，然后又向台下问道："谁还要？"

台下仍然有人喊叫，也有人举起右手。

演说家看台下热情高涨，他又说："那么，假如我这样做又会怎么样呢？"他把揉得皱皱的钞票扔到地上，然后双脚踏上，又吐了口水在上面，而后他捡起钞票。此时那张崭新的20美元已经是又脏又皱，惨不忍睹了。

演说家再一次问道："现在谁还要？"

还是有人举起手来。

"朋友们，你们已经上了一堂有意义的课。无论我如何对待那张钞票，你们仍然还是想要它，因为它没有贬值，它依然是20美元，虽然经历了揉搓、脚踏，它

成长感悟

20美元不管变得再脏再皱，但它依然是20美元，它并没有贬值。我们的人生也是这样，也许你会遭遇很多艰难坎坷，也许你会变得悲伤、难过、忧愁、烦恼，但不要屈服，要相信自己，因为你依然是你，你依然有自己的价值。

在这个世界上，最值得信任的人就是我们自己。如果你连自己都不相信了，那么你对这个世界就会充满失望，你的内心就会变得暗淡无光。所以，你要时常对自己说：我能行，我一定可以！

依然没变。”演说家把钞票放在桌上，然后高声对台下说，“其实，在人生路上也是如此，你会无数次被挫折和逆境折磨，但你要记住一点，无论你发生任何事情，你还是你，永远不会丧失你固有的价值。”

流进大海的人生

查理曾是一个顽劣的孩子。

他曾用文具盒夹住女生的头发，把她们的头皮拉得生疼；曾经在老师的粉笔盒里放青蛙，把老师吓得失声大叫；曾经把一只雏鸟放在自己的书桌里，让鸟鸣响彻整个教室，引起全班的哄笑。

为此，查理的父亲非常生气，他被吊起双手，屁股上还挨了重重的板子。严厉的惩罚加深了查理的叛逆。终于，在一次下课的时候，他狠狠地敲碎了教室的玻璃。

查理被校长叫到了办公室。在去办公室的路上，他做好了应付校长责罚的种种心理准备。他想，校长这次肯定不会轻饶他的，也许会因此而把他开除。

查理脸上一片倔强，他咬着牙，心怀恐惧地走进校长办公室。

此时，校长安详地坐在办公桌旁，他手中的茶杯冒着一股浓浓的热气，有些清香的味道。看着校长的神情，查理暗暗吃惊，他想，这一定就是暴风雨来临之前的平静。这让他更加恐惧了。他瑟缩地站在门口，倔强的小脸低了下来，强忍着不让眼泪流出来。

过了**10**分钟，查理没有听到校长的吼声，他抬眼偷偷地看了看校长，发现校长正闭着眼睛品茶。看到这样安详的校长，查理的心有些平静了，他抬起头正对着校长。

又过了两分钟，校长放下茶杯，向他招手。查理顿时又惶恐起来，他不知道校长到底要做什么。

查理怯怯地走近校长，看了看校长手边的杯子。“来，孩子，你帮我看看，这杯子里的水像什么？”校长微笑着问他。

“嗯……像……像杯子。”查理有些结巴地回答。

“对，像杯子！”校长点了点头，“那你再看看脸盆里的水像什么？”

“像脸盆。”查理又小声回答道。

“再看看塑料桶里的水像什么？”校长仍然问他。

“像……”此时的查理很想说像塑料桶，可是他发现一个问题，水在杯子里就像杯子，在脸盆里就像脸盆，在塑料桶里像塑料，可同样是水，为什么形状会不一样呢？

校长见查理没有回答，补充道：“是不是像水桶啊？在不同的容器里面，水就会像不同的容器。我带你去一个地方。”

校长领着查理，来到一块烂泥塘边。只见烂泥塘的水面漂浮着各种垃圾，散发出熏人的恶臭。校长指着塘里的水说：“这里也是水，你愿意做这里面的水吗？”从臭臭的池塘走进办公室，查理的内心深处第一次产生了自责。他低着头，很久没有说话。

校长拍着他的肩膀，指着远方流淌的河流说：“查理同学，我知道你很聪明，可是我不希望你做杯子里的水，也不希望你做盆子和塑料桶里的水，更不希望你做烂泥塘里的水，我希望你成为流淌进大海里的水。”

成长感悟

每个人的人生形状就像无形的水，如果能流进大海，就能变得像大海一样辽阔和宽广，就能让自己更加丰富和博大。

如果想让自己更加出色，就要对承载自己的容器做出慎重的选择。不要选盆子，不要选杯子，更不要选烂泥塘，你应该选河流，应该选大海。在生活中，只有放弃自己的那些坏习惯，拒绝那些不良的诱惑，你的前途才会更光明，你的人格才能更高尚。

坚守自己的高贵

一个艺术家带了几个学生。在学生毕业前夕，艺术家对自己的学生说："艺术有时候是要坚守的，作为一幅艺术作品，是不能沾染到任何的媚俗之气的。现在，我要让你们知道，什么才是真正的艺术。"

艺术家带着他的学生们来到一个小乡村，他把自己曾经获得全国金奖的一幅得意之作挂了出来。这是一幅工笔作品，叫《乡村女人》。画中的女人虽然素面朝天，衣着朴素，但依然飘逸着一种让人心动的神韵。

这位艺术家拿出画笔，对站在画前指指点点的村民说："如果谁认为这幅画有不对的地方，欢迎上来一试身手进行修改。"

第一个拿起画笔的是一个大手大脚的男人，他不满意地说："女人要做饭、带孩子，还要下地干活，手那么细怎么能行！"于是，他把画上女人的纤纤手指描粗实了很多。男人刚画完，一个老头站了起来，说："她的腰太细了。这样的细腰，也只有城里的女孩才有，乡下的女人哪有这么细的腰呢。"老头把画上女人的腰又放大了尺寸。

老头还没画完，一个中年妇女站起来了，嘟囔着说："她的脸太白了，咱们乡下女人，整天风吹日晒的，脸会变得又黑又粗糙，怎么可能这么细嫩呢。"女人拿起画笔把画上女人的脸涂得又灰又红。

接着，一位老太太站出来了："她的头发太黑又太长，我在咱乡下生活了快一辈子，怎么能不了解咱乡下的女人？整天为熬日子发愁，风里来雨里去的。头发都

成长感悟

坚守你的高贵，你才不会被世俗所淹没；坚守你的高贵，你才不会被生活所涂改；坚守你的高贵，你才会有自己的出色和成功。

在生活中，有时候你会遭受别人的非议，他们会对你指指点点。但是，你要坚守自己的原则，不要因为别人的看法而改变自己。

是又枯又黄。再说，留那么长的头发，干活多碍事儿啊，还招小孩子撕扯，疯子才会留那么长呢。”老太太走到画前抓起画笔，就像操起一把锋利的剪刀，嚓嚓嚓嚓就把画上女人的长发抹短了，然后又在那蓬乱的头发上画上几笔说：“这是草叶和麦秸。乡下女人，谁不是头发上常常粘些草叶和麦秸呢?”

不到半天的工夫，那位艺术家的得意之作早已变得面目全非了。

回到画室，艺术家把已被修改的画像挂好，指着被涂得乱七八糟的画，对他的学生说：“你们现在应该明白什么是艺术，什么是艺术家了吧?”学生们看着那幅被涂改得俗不可耐且一文不值的画，神情凝重地点了点头。

艺术家说：“一个人太媚俗，他就成为不了艺术家；一幅作品太媚俗，这幅作品就会一文不值。一个真正的艺术家，绝对不能被世俗所左右，必须时刻坚守你自己的高贵!”

给自己一个方向

两个探险员想横穿沙哈拉大沙漠。据当地人说，穿越这片沙漠，至少需要10天的时间。

于是，他们带足了10天的粮食和饮水，进入了一望无际的大沙漠。在开始行进的时候，两个人对前进的方向产生了分歧。一个人坚持按照指南针标出的方向向北走，这本来是他们临行前计划好的路线；而另一个人却坚持往有水的地方行走，他说有水的地方就代表有生命。

经过几次争执，两个人谁也无法说服对方，最后他们分手了。一个人按照原计划行走，而另一个人则改变了路线，朝着有水的地方走。

按照原计划行进的人，在他行走到第七天时，他发现有了骆驼的足迹，走到第九天的时候，他发现了人的足迹。而那个朝着有水有草的地方走的人，他发现那些水和模糊的绿色是飘忽不定的。他一会儿在这儿发现湖泊，一会儿看到湖泊又出现在另一个地方。没办法，他只好来回改变方向，在沙漠里迂回。

10天之后，那个按照原计划坚持向前行进的探险员走出了沙漠，而那个在沙漠中追逐水和湖泊的探险员却一直没有走出去。

当地人听说后，有些叹息地说："他被沙漠里的海市蜃楼迷惑了。沙漠里怎么会有村庄和迷人的湖泊呢？一个没有自己方向的人，肯定要葬身茫茫大漠里的。"

成长感悟

在人生的道路上，有很多人容易为生活中的幻象所迷惑，于是，他们放弃了人生的方向，最终沦落为生活的殉道者；而那些坚持自己方向的人，他们没有异想天开，只是默默地坚持自己的目标，沿着生活的方向苦苦地跋涉，最后他们成功了，实现了自己的梦想。

所以，我们一定要给人生一个方向，坚持自己的方向，才不会迷失在生活的海市蜃楼里，才能最终从人生的茫茫沙漠中"活着"走出来，成就最好的自己。

沉香也会被烧成木炭

有一位年轻人，在顺利取得博士学位后，却在求职的过程中遭受了接二连三的挫折。一年来，他去了很多家单位，也面试了很多家单位，但依然没有找到自己满意的工作。

于是，这个极度失望的年轻人，带着满腹的知识，揣着一颗怀才不遇的失落之心，来到了山林深处一座古老的寺庙里。

寺庙的住持是一位得道高僧，在听完年轻人满腹的抱怨之后，并没有给他讲授大道理。住持拿给他一块与普通木炭毫无区别的木炭，让年轻人去集市上卖掉。

第二天，年轻人拿着木炭去了集市，很多赶集的人看了木炭，都摇了摇头，没有一个要买的。就这样，在集市上待了一天，年轻人垂头丧气地回到寺庙告诉住持："大师，这块平淡无奇的木炭，根本不会有人会买的，很多人都是看了一下，摇摇头就走了。"

住持微微一笑，又从一个木匣子里拿出一块不起眼的沉香，对年轻人说："这是从外地进来的上等沉香，只需要一点点就可以加工出高档的化妆品，如果你把它拿到市场，价格再比市面上的卖得低些，你看反应怎么样?"

学富五车的年轻人也了解沉香的作用，于是他毫不犹豫地说："了解它的真正价值又需要它的人，肯定会出高价竞相购买的，而不懂它的人，肯定还是会摇摇头走开的。"

"是啊，你说得太好了。"住持赞许道，"可是，你知道吗，你手里现在拿的这一小块木炭，正是一个农夫用昂贵的沉香烧出来的。"

听了大师的话，年轻人看着那块看似很平凡的木炭，久久没有言语。

第二天，年轻人向大师告别，向他很感激地深鞠了一躬："谢谢大师的指点，我知道应该怎么去做了——即使是珍贵无比的沉香，也有被视做只可烧炭的庸才的可能；当然，最重要的是自己要清楚自己究竟是怎样的材质，不盲目自负，也不妄自菲薄，把自己的价值证明给人看，相信总有一天会碰到慧眼相识的人……"

最后，这个豁然开朗的年轻人不再抱怨，他满怀热情地投入到生活当中，用自己的实际行动证明了自己的优秀。

成长感悟

最昂贵的沉香也会有被烧成木炭的时候，但那只是偶尔发生的事情。那位拥有博士学位的年轻人就像一块珍贵的沉香，只要他珍视自己，就一定可以遇到欣赏自己的伯乐。

所以，我们要对自己有一个清晰的认识，不能盲目自负，更不要妄自菲薄。当遇到困难的时候，要相信自己，用自己的实际行动来证实自己的真正价值。请记住：是金子，就一定会发光!

盲人和镜子

一个正值人生巅峰的年轻人，忽然被医院通知他得了癌症。顿时，失望和黑暗侵占了年轻人的心，他觉得自己的生活已经没有了任何意义。于是，年轻人决定不再接受任何的治疗。

一天，年轻人从医院逃了出来，他漫无目的地在街上游荡着。忽然，一阵悦耳的笛音吸引了他的注意。不远处，一位双目失明的老人正吹着动听的笛子，向给予施舍的路人表达着敬意。然而，让年轻人奇怪的是，这位盲人的笛子下面竟然挂着一面镜子。

年轻人好奇地走上前，在盲人结束笛音的一刹那，他连忙问道："对不起，打扰了，请问老人家，这镜子是您的吗？"

老人摸了摸手上的笛子和镜子，微笑着说："是的，这个笛子和这面镜子是我的两件最重要的宝贝。音乐是世界上最美好的东西，我常常用它来自娱自乐，能够感受到未来生活的美好……"

"可是，这面镜子对您又有什么意义呢？"年轻人迫不及地问，"毕竟您什么也看不到啊！"

老人依然微笑着，说："因为我希望有一天奇迹会出现，并且也相信有一天我能用这面镜子看自己的脸，所以，无论我走到哪儿，我都会带着它。"

听了老人的话，年轻的心被震撼了：一个走进暮年的盲人都如此地热爱生活，而我又怎么能放弃眼前的美好生活呢？

于是，年轻人回到了医院，无论化疗让他感到多么

成长感悟

英国文豪司各特曾说：一个乐观的心态，比一百种智慧更重要。有什么样的心态，往往就会有什么样的人生。

所以，想把握好自己的人生和命运，成为一个优秀的人，一定要有乐观和坚强的品质，因为乐观和坚强是掌管人生航向的舵手，是把握命运之船的动力桨。

的痛苦，他总能默默地忍受着，再也没有逃跑过。

经过多次的化疗，经历了多次的痛苦折磨，年轻人的病终于出现了奇迹，他竟然克服了病魔，恢复了健康。

从此以后，年轻人也拥有了人生中最宝贵的两样东西：一个是积极乐观的心态，还有一个是坚定的信念。

被嘲讽的小泥鳅

一天，一条小泥鳅从淤泥里探出头来，想到清水里自由自在地游一次泳。就在这个时候，一群红色的鲤鱼从它身边游过。小泥鳅非常友好，它向鲤鱼们打招呼道："你们好啊，鲤鱼姐姐！"鲤鱼们仔细一看，原来是一条丑陋的小泥鳅！

鲤鱼们一阵哄笑，它们用嘲讽的口气说道："瞧那个丑陋不堪的小家伙，整天把自己憋在淤泥里，一身脏臭，简直丢我们鱼类的脸！"

小泥鳅刚想说话，鲤鱼们又说："它哪属于我们鱼类啊！你别抬举它了。它每天都生活在淤泥里，吃的是淤泥，喝的也是淤泥，它根本不是鱼，分明就是一条臭虫啊！"说罢，鲤鱼们得意地笑着游开了。

没过多久，旱季到来了，太阳每天炙烤着大地，河里的水位越来越低，而鲤鱼们也失去了往日的风采。又过了几天，河水彻底干涸了，原来的小河变成了烂泥潭，鲤鱼们由于无法呼吸，一条条地死去了，但小泥鳅却因为有独特的呼吸系统，躲在烂泥里，最终活了下来。

成长感悟

小泥鳅虽然生活在淤泥中，但它却拥有比鲤鱼们更加优秀的呼吸系统，从这个意义上说，它才是更优秀的鱼类。

在生活中，我们往往会听到别人对自己的评价，但是，那终归是别人的看法，并不一定正确。意大利诗人但丁曾说：走自己的路，让别人说去吧。所以，我们不必太计较别人的看法，只要认清自己，明白自身的价值，做最优秀的自己就可以了。

珍惜你的天赋

一天，久居河里的青蛙走到岸上，它看到人类走路的姿势和自己很不一样：人类直立行走，两条腿和两只胳膊有节奏地摆着，走起路来既高级又潇洒。青蛙非常羡慕。

因此，对于自己的走路方式，青蛙感到很烦恼。它觉得自己的行走方式很糟糕，每次向前行进时，身子都要前倾，后腿后蹬，这样才能行走，而这种姿势很不雅观，甚至有些丢脸。

于是，青蛙每天向神灵祈祷，希望神灵能够赐给它人类走路的姿势，让它也能像人类那样高雅地走路。

就这样，日复一日，年复一年，青蛙的祈祷终于感动了神灵。青蛙的愿望实现了。

拥有人类行走姿势的青蛙，骄傲地站了起来，它迈着两条又肥又粗的后腿，大步流星地朝河边走去。可是，无论它如何努力，它离河边的距离却在变得越来越远。在捕食虫子的时候，青蛙也明显感到了力不从心。最后，青蛙因为捕捉不到食物，活活地饿死了。

原来，青蛙自从站起来走路后，它的眼睛就只能望见后面的东西了。腿往前走，眼往后看，这样的怪物自然无法生存。

成长感悟

青蛙走路的姿势虽然难看，却适合它自己的生活方式。可是，青蛙没有认清自己，盲目地追求人类的行走姿态，最后落得个活活饿死的下场。

盲目地追求不适合自己的东西，即便成功也会使自己变成一个不合时宜的怪物。造物主在创造每个物种的时候，都给予其别人无法替代的天赋，所以，好好善待你的天赋——充分利用它，你就是胜利者。

3个小金人

很久以前，一个遥远的小国家为一个大国进贡，贡品是3个一模一样的小金人。看着金光闪闪的小金人，大国的国王非常高兴，立即设宴款待了远道而来的客人。

在宴会上，小国的使者为了向大国展示本国的文明和智慧，围绕这3个小金人出了一道题目：这3个小金人哪个最有价值？

大国的国王想了很多办法，请珠宝匠检查金子的纯度，称重量，看做工，这3个金人都是一模一样。那么，该如何判断这3个金人的价值呢？这真是一个难题。

在满是宾客的朝堂之上，堂堂一个大国，没有一个人能给出答案，这太有失大国的面子了。大国的国王非常着急，而小国的使者则是暗暗得意，心想："泱泱大国，竟然没有一个人能够回答出来，真是让人难以臣服。"

这一难题传遍了朝野，最后，一位辞官回家养老的大臣来到了宫外，让人告诉国王，他有办法判断金子。

国王传这位老大臣进殿。只见这位老臣手拿3跟稻草，一副胸有成竹的样子。

在众人的期盼下，这位老臣先来到第一个小金人面前，将一根稻草插入到第一个人的耳朵里，然而，这根稻草从另一个耳朵里出来了。

接着，他又把第二根稻草插入到金人的耳朵里，那根稻草从金人的嘴巴里掉了出来。

最后，他把第三根稻草插入到金人的耳朵里，那根稻草掉进了金人的肚子里，什么响动也没有。

老臣微笑着告诉国王，说第三个金人最有价值。

面对这样的测试和答案，小国的使者很惊讶，也很佩服，竟然用如此简单的方法，就可以得出正确的答案！

成长感悟

这个故事是在告诉我们：最有价值、最优秀的人，不是那些不善于倾听的人，也不一定是最能说的人，而是那些善于倾听，多干实事的人，这才是优秀者的最基本的素质。

在生活中，有很多人不愿意听取别人的意见，而且总喜欢在别人面前夸夸其谈，这样的人是不值得我们学习的。

如果能再坚持一点点

一艘客船在海上触礁，除了一个瘦弱的年轻人外，其他人都不幸落难了。年轻人落水以后，非常幸运地在船沉之前抱住了一根木头，才幸免于难。

后来，这个年轻人又幸运地被海风吹到一个岛上。这个小岛一片宁静，没有野兽，非常安全。

于是，这个幸运的年轻人在岛上找到了一些野果，在海里捕捞一些鱼虾，用来填饱肚子。饱餐一顿后，这个年轻人动手搭建了一所小木屋，让自己有一个栖身和放食物的地方。

就这样，年轻人每天过着等待的日子，他希望能够等到来往的船只，把他带离这个地方。然而，让他失望的是，一个月过去了，他连一艘船的影子都没看到。

一天下午，天上下起了大雨，海面上一片乌云滚滚，空中电闪雷鸣。年轻人想，如果海上有船只，这个时候就会停靠在岛上，以此来躲避这场大雨。然而，整个波动的海面，除了大雨就是雷电，根本就没有任何船只和人的踪影。

忽然，远处响起一阵惊雷，年轻人顺着声音望去，只见他住的小木屋已经是一片火海，他的住处和储存的食物都化为了灰烬。

年轻人非常难过，他回忆了这一个多月的经历，先是自己乘的船只遭遇沉船，好不容易来到这个荒岛，结果自己的住处和食物又化为灰烬，既然连上天都不想让自己苟活，自己再怎么苦苦挣扎也是枉费心机。

于是，年轻人找到一块大石头，刻下了自己的身份

成长感悟

其实，许多关键时刻，也恰恰是最需要你再咬牙坚持一点点的时候。你再坚持这一点点，你就把握住了成功。你放弃了这一点点，你就可能功亏一篑。那个年轻人在自己所处的困境下没有继续坚持，而是选择了放弃，他也因此失去了离开小岛的机会。

在黎明到来之前，往往是夜晚最黑暗的时候。在成功即将到来之时，也往往是你心灵最困难最吃力的时刻。所以，人生需要坚持。

和经历，然后找到一根藤子，上吊自尽了。

傍晚，风雨刚过，一艘轮船从这里经过，在看到荒岛上有一股浓烟时，他们马上将船驶向荒岛。但令他们遗憾的是，那个年轻人已经死去了。大家看了他在岩石上的遗言，不禁叹息道："如果他能再坚持半个钟头，只再坚持一点点，那么他就可以乘我们的船回家了。"

Chapter

11

感恩父母——献给世界上最伟大的两个人

母爱如海，宽广而无私；父爱如山，博大而浑厚。无论你在天涯海角，无论这个世界如何变幻，世界上唯一不变的就是父母对孩子的永恒之爱。父母的爱是天地间最伟大的爱，自从我们呱呱坠地，来到这个世界开始，父母就开始爱着我们。感恩父母，把爱献给世界上最伟大的两个人。

为爱撑起一片天空

1999 年，土耳其发生大地震，许多房子都倒塌了，救援人员不断探寻着可能的生还者。两天后，他们看到了不可置信的一幕——一位母亲用手撑地，背上顶着不知有多重的石头，一看到救援人员便拼命哭喊道："快点救救我的女儿，我已经撑了两天了，我快不行了……"

一个 **7** 岁的小女孩，静静地躺在母亲撑起的安全空间里。救援人员尽力解救这对母女，但是石头那么多，那么重，怎么也无法快速到达她们的身边。救援人员一边哭，一边挖，而那位母亲就那样苦苦地支撑着……

通过电视和报纸看到这一幕的土耳其人都心酸地掉下了眼泪，更多的人放下手边的工作投入到救援行动中。救援行动从白天进行到深夜，终于，一名高大的救援人员抓住了那个小女孩，将她拉了出来。但，小女孩已经气绝身亡了。

那位母亲急切地问道："我女儿怎么样，她还活着吗?"

救援人员看了看小女孩，又看了看那位急切的母亲，终于忍受不住了，他放声大哭："对，她还活着，我们现在送她到医院急救。"

听到女儿还活着的消息，母亲疲惫地笑了。终于，那位母亲也被救了出来，送进了医院，但是她的双手却一度僵直无法弯曲。

隔天，报纸头条是一副她用手撑地的照片，标题是"这就是母爱"。

成长感悟

母爱可以创造人间的奇迹。那位土耳其母亲为了孩子的生命，可以用手臂支撑起无比巨大的石头，这简直是令人难以想象的。但这就是母亲，这就是母爱的力量。

母亲把自己的爱无微不至地给了自己的子女，为了自己的儿女，她们可以不顾一切，甚至以自己的生命为代价也在所不惜。我们做儿女的，怎能不去珍惜呢?

谁是你的佛

很久以前，有一个年轻人离开了年迈的母亲，来到了深山，想要拜菩萨以修成正果。

在山路上，年轻人向一个老和尚打听路：“请问大师，哪儿有能够修炼成仙的菩萨？”

老和尚打量了一下这个年轻人，微笑着说道：“与其找菩萨修炼，不如去找佛。”

年轻人顿时来了兴趣，忙问：“大师，请问哪里有佛？”

老和尚说：“你现在就回家去，在回去的路上你会看到有人披着衣服，反穿着鞋子来接你，那个人就是佛。”

年听人听了老和尚的指点，非常开心，他拜谢离开，开始往家里走。

路上，年轻人不停地寻找老和尚说的那个人，可是他都快要到家了，那个人始终都没有出现。

年轻人很生气，也很懊悔，他想：“我走了那么远的路去找菩萨，马上就成功了，没想到被老和尚给骗了回来。”

当年轻人回到家时，夜已经很深了。他垂头丧气地去敲门。

熟睡中的母亲听到儿子叫门的声音，急忙抓起衣服，披在身上，连灯都来不及点，就去开门了。由于慌乱，母亲的鞋子穿反了。

年轻人看到母亲狼狈的样子，不禁热泪盈眶，心里顿时觉悟了。

成长感悟

看到这个故事的时候，我们的心都不禁怦然一动：母亲，对于我们每个人来说永远都是伟大的，母爱如佛！

在你失意、绝望的时候，千万不要忘记身边那个最爱你的人——母亲！在你无助无奈的时候，母亲的关心和微笑会如佛光一样为你映出一片光明，不管你是怎么样的卑微和落魄，母亲都是你永远可以停泊栖息的港湾。

小男孩和枣树

很久以前，有一棵粗大的枣树。一个小男孩每天都喜欢来到枣树下面玩耍。他爬到树上摘枣子吃，他给枣树浇水，他还在枣树下乘凉……后来，随着时间的流逝，小男孩长大了，在那棵枣树边，很难再看到他的身影。

一天，长大的男孩回到了家里，站在枣树旁，那棵粗糙甚至有些裂皮的枣树有些显老了，也有些悲伤。它对男孩说："你来和我玩吧?""不了，我不会再爬到树上玩耍了。"男孩答道，"我想要玩具，需要钱来买。"听了男孩的话，枣树很遗憾地说："我没有钱，但是你可以采摘我所有的枣子拿去卖，这样你就有钱了。"

男孩很兴奋。他摘掉树上所有的枣子，然后高兴地离开了。自从那以后，好长时间男孩都没有回来。枣树很伤心。

很多年后，男孩长大了，也成了家。终于，他来到了枣树下面，枣树非常高兴，它对男孩说："你是来和我玩的吗?"男孩回答道："对不起，我没有时间玩，我需要挣钱来养活我的家庭，也需要挣钱搭建一间房子。你能帮我吗?"枣树说："我老了，没有枣子让你卖钱了。但是你可以把我身上那些强壮的树枝砍下来搭建房子。"

于是，男孩砍下所有的树枝，高高兴兴地离开了。看到他高兴，枣树也很开心。但是，自从那时起，男孩又是很久没再出现。枣树很孤独，伤心起来。

突然，一个夏日，男孩来到了树旁。枣树很高兴，说："你来和我玩吧？如果现在不和我玩，我想我以后就老去了……"男孩没有和枣树玩，他对枣树说："我想去

成长感悟

这是一则寓言故事，故事中的孩子就是我们，而故事中的枣树，就是为我们遮风挡雨的父母。

小的时候，我们在父母的怀抱中成长，长大之后便离开了他们。然而，当我们遇到困难的时候，又回到他们身边，从他们身上索取我们所需要的。虽然此时他们已经老得不能再老了，但依然对我们是有求必应，为了我们的幸福，奉献着他们的一切。

航海，需要一只船。你能帮我吗？”枣树说：“你用我的树干去造一条船吧。你能去做自己喜欢做的事情，我也就很开心了。”就这样，男孩砍去了枣树的树干，航海去了，一去就是很多年。

多年以后，男孩回来了。枣树说：“孩子，我已经没有任何东西可以给你了，唯一剩下的就是这将要糟掉的树根。”男孩说：“我也老了，没有精力做任何事情了，我现在最需要的就是找一个地方好好歇一下。”枣树根很开心地说道：“那太好了，我还有树根可以让你坐，这是我最后能给你的东西了……”

永不上锁的大门

在美国一个中产阶级家庭，一个小女孩儿由于不喜欢父母的管教和唠叨，总是喜欢和父母顶撞，表现出她那种青春期的叛逆。

一天，在与父母吵完架之后，她为了摆脱父母的约束离家出走了。

当她把从家里带的钱全部花光之后，却一直不愿意回家，她觉得她的父母一点儿也不爱她，甚至还有些讨厌她。于是，倔强的她最后只得流落街头，一晃就是5年。

在这漫长的5年里，她的父亲死了，在一次长途跋涉中，因病倒在了路上，再也没有站起来。在家里接二连三地出现一些事情以后，使得他们那个本来还比较殷实的家庭，最终变得一贫如洗。

后来，她的母亲也逐渐衰老，女孩儿却一直没有给家里打一个电话或写一封信。母亲每次听到女儿的下落，都会不辞辛苦地找遍全城的大街小巷。她每到一个收容所，都哀求那里的工作人员说：“请让我把这幅画贴在这里好么?”

她要张贴的画画的是一位满头白发、面带微笑的母亲，画下面还有一行手写的字：我仍然爱你，快回来吧。

偶然的一天，女孩在一家收容所看到了母亲贴的这幅画像。看到这里，她懊悔地流下了眼泪。终于，她坐上了回家的车。

当她赶到家时，已经是凌晨了。她敲了敲门，然而，让她奇怪的是，门竟然自动开了。她冲进卧室，寻找母亲，她以为家里遭了小偷。但当她走到床头时，看到了那个睡得并不安稳的母亲，她的手里还拽着自己小时候的照片。

女孩轻轻地摇醒了浅睡的母亲。她紧紧地抱着已经衰老的母亲，问道：“妈妈，你晚上为什么不锁门?”母亲流着眼泪回答：“从你离开家以后，这扇门就再也没有上过锁，我怕你回来了没办法进门。”

成长感悟

为了等待离家出走的女儿，这个伟大的母亲竟然从来不锁家门。这是一种什么样的心情，是一种什么样的爱。

“上帝无法降临在每一个人身边，所以造就了母亲。”母亲对我们的爱与生俱来，不要求任何回报。母亲总是默默地包容我们的无知和误解，无论我们处于什么样的境地，母亲都会毫无保留地把她的爱给予我们。母爱如门，永远对我们敞开。

爱所创造的奇迹

一个少妇走在回家的路上。快要到家的时候，她习惯性地看了一下**5**楼自己家的阳台，可爱的儿子正在阳台上坐着期盼着妈妈的到来。

当看到妈妈的身影，年幼的孩子冲着妈妈招手，这时少妇也下意识地朝孩子招招手。突然，少妇意识到自己的伸手会带来危险，但已经晚了。

年幼的孩子看妈妈伸手，还以为妈妈要抱他，就伸出小手向前倾，让妈妈抱。由于前倾而使身体失衡，孩子从阳台上掉了下来。这时，房间里的人惊呆了，要去抓孩子的时候，那可怜的孩子正往楼下坠去。

再看妈妈，当发现儿子坠下来的时候，她奋不顾身地往前冲了过去。孩子是幸运的，他被妈妈接住了，并且安然无恙。

看着那段不近的距离，人们都很奇怪，一个少妇怎么能跑那么快，并能够准确地接住坠落的儿子？因为按当时少妇向前跑的速度，她已经打破了百米世界纪录。

后来，人们找到了百米世界冠军做了这样的一个试验：同样的距离，从阳台上掉下同样重量的物体，看能否接得住。结果是无论如何也接不住。再让这位少妇试，结果也是再也没有成功。

最后，人们总结为：是母爱的力量让她做到了这一切！

成长感悟

少妇为了儿子的生命安全，竟然跑出了百米世界冠军也无法达到的速度。母爱的力量如此伟大，让人无法不感动。对赐予我们生命的母亲，我们一生也回报不了她给的爱。

母爱是世界上最无私、最伟大的爱，母爱可以创造让人意想不到的奇迹，母爱是一本我们终生无法读完的巨著，母爱是一片我们永远也飞不出的天空。

母亲眼中的儿子

3位母亲在山上砍柴，她们都在议论她们可爱的孩子。

第一位母亲自豪地说：“我的孩子跑步很厉害，一眨眼的工夫就跑很远，老师说他长大以后一定是一个出色的运动员，他一定能给这个家庭带来许多的财富和幸福。”

“我的儿子拥有一副好嗓子，他有美妙动听的歌声！老师说他将来会是一个出色的音乐家。”另一位母亲说。

第三位母亲没有说话。

“你为什么不谈谈自己的儿子呢？”两个母亲问她。

“有什么好说的呢？”那个母亲很平淡地说了一句，“我只有一个普通的儿子，他没有什么特别的本领！”

接着，她们每个人砍了很高的一堆柴，然后背在身上，开始回家了。一路上走走停停，她们已经觉得累了，背上的柴也变得更沉了。

这时，迎面跑来了三个男孩。其中一个男孩一转眼跑过去了，她母亲的脸上露出得意的神色；另一个男孩边走边唱，像一只夜莺一样欢快，也没有在自己的母亲旁边停下来；第三个男孩跑到自己的母亲跟前，从母亲背上接过重重的柴，背着就走了。

那两个母亲问第三个母亲：“怎么样？我们的儿子怎么样？”

“呵呵，他们在哪儿？”第三个母亲认真地看了看周围，“我只看到了我的儿子！”

成长感悟

父母为了孩子的成长付出了很多，但他们对孩子所要求的并不多。他们所要求的只是自己的孩子能够在心里想着父母，念着父母，给他们爱，哪怕仅仅是帮助他们做一点小事。

所以，青少年们，你们应该学会去理解自己的父母，体谅父母的一片苦心，多给父母一点儿关爱。父母要的并不多，哪怕只是你的一个小小的举动，父母就已经感到非常幸福和满足了。

世界上最美的声音

一个来自大城市的男孩，自从进入学校以后，一直也不给家里打电话。舍友问他为什么不给家里打电话，他说家里没有电话，写信就可以了。

大家都非常奇怪，他们认为一个来自大城市的学生，又进入这样好的大学学习，如果说家里没有电话，那是不可能的。

寒假开学以后，那个男孩每天晚上都要躲在被窝里听一盘从家里带来的磁带，有几次甚至还哭出了声音。男孩下铺的舍友提议，让他把那盘磁带放一下，让大家也听听，可是每次提议都没有成功。

终于，有一次趁男孩不在，舍友们从他的枕头下翻出了那盘磁带。大家准备好了录音机，但放了好长时间也没有听到声音。舍友很是奇怪，心想他每天晚上就听这些，真是怪人一个。

这个悬念一直持续到毕业。

毕业前夕，男孩为宿舍的人解了惑。

原来他的父母都是聋哑人，为了生活，他们吃尽了苦，也受尽了别人的冷遇。为了让他能好好上学读书，父母的心都放在他身上，给他创造了最好的条件，从不让他受一点儿委屈。

后来，日子好过了，他却要离开父母去远方上大学，他说："我时常想念家中的爸爸妈妈，是他们用无言的爱塑造了我的今天。那次暑假回家，我录下了他们呼吸的声音，每天晚上听着，就感觉父母好像在身边一样。"

成长感悟

因为懂得，所以珍惜！是的，无论我们走得多远，飞得多高，父母的目光都在我们的背后，我们永远是他们心中最牵挂的孩子。大爱无言，而那份无言的爱，就是人间最美的声音。

真爱无言，海角天涯，做儿女的永远都走不出父母双亲的关怀和牵挂。父母的爱，是世界上最伟大的爱。儿女应该懂得父母的心，珍惜父母的爱。

一封奇怪的家书

他是一名犯人，家人叫他狗子。

狗子的家在一个偏远山村，父母都是聋哑人。山村很穷，村里几乎没有人读过书，如果动笔写信，就要去求离村几里外的那所学校的唯一一名老师代写。

狗子刚进监狱时，看到别人捧读家书时那种陶醉的神情，羡慕得不得了。可是他知道，父母都是大字不识一个的农民。难过的时候，狗子只是躺在床板上暗自垂泪。

一年冬天，狗子那思子心切的聋哑父亲，卖掉了家里唯一的一头猪，买了车票从几千里外赶来探望他。当时别人喊他有人探望时，狗子死也不信，直到值班干部亲自来喊，狗子才相信这是真的。

父亲走后，狗子带着一包焦黄喷香的小咸鱼干走了回来，这是父亲千里迢迢送来的唯一一点东西。很长一段时间内，狗子都舍不得吃那包小咸鱼。这种比小拇指还小的鱼是狗子家乡的特产，想要逮住它，只有垂钓。狗子明白，父亲不知费了多大劲儿，钓了多长时间，才终于攒上这么一大包。

过了一段时间，值班干部交给狗子一封信，说是他父亲写来的。狗子惊讶极了，父亲怎么会写字呢？

狗子打开信，瞬间呆住了！在那张沾满油渍的稿纸上，竟没有一个字，只是画满了各种奇奇怪怪的图案。狗子的眼泪一下流了出来，他想起了上次父亲来探监时与他的约定。

探望那天，哑巴父亲用手比划着，他告诉狗子，家里太穷，以后不能常来看他，但他会时常给他写信。狗子明明知道父亲不会写字，脸上满是惊讶的表情。哑巴父亲连忙比划着给他解释：画个“小狗”就是喊他狗子；画个“○”表示家里一切都好；画个“△”就说明家里的庄稼收完了……

读着手中那封画满了符号的信，狗子悔恨极了。他想，一定要好好改造，早日出去报答父母！他还想象着，一个白天在地里干了一天农活的老人，晚上弯着有些驼背的腰，

成长感悟

有一首歌有这样几句话：那是我小时侯，常坐在父亲肩头。父亲是那登天的梯，父亲是那拉车的牛，可你再苦再累不张口……一封画满各种符号的信，印刻着多少无言的父爱。

父亲像一条河，不是因为流淌的美，而是因为他用大河奔流一样的情怀包容一切；父亲像一座山，不是因为俊美，而是因为他用伟岸的身躯支撑着一片天。很多时候，父亲是沉默的，但沉默背后，又有多少对儿女的慈祥和关爱啊！

借着昏黄的灯光，用那双握惯了锄杆的长满老茧的大手，笨拙地捏着笔，吃力却认真地一笔一笔画着……

妈妈爱吃什么菜

在一次朋友的聚会上，大家聊得很开心，吃得也很开心。临近酒席结束，一位朋友突然叫过服务员，叮嘱道："再加一个酱烧鸡翅。"

大家觉得都吃好了，没必要再点菜，于是赶紧阻止他："都吃好了，别再点菜了，再点就浪费了。"朋友笑笑，继续交代服务员："鸡翅烧烂些，多放姜，加黄酒，烧好了给我打包。"

大家这才明白，原来他是要带回家去吃啊。朋友转回身来，笑问大家："谁知道妈妈爱吃什么菜？"这意外的问话让大家都愣住了。是啊，妈妈爱吃什么菜？还真没注意过。

朋友接着慢慢道来："以前，我和大家一样，每次回家去，妈妈都会做一桌子我爱吃的菜，宫保鸡丁，蛋炒西红柿……吃饭时，她总是坐在我身边，目不转睛地看着我吃，自己却一口不吃。

"后来，我找了女朋友后，第一次带她去家里，在路上，女友问，买些你妈爱吃的菜回去吧，你妈喜欢吃什么菜？我一下子愣在那里。是啊，我妈爱吃什么菜？从此以后，我开始留心，看我妈究竟爱吃什么菜。可是她从来不和我们一起吃饭，总是等大家吃完了，她才开始吃。似乎，我爱吃的菜她都不爱吃，那些我不喜欢吃的

成长感悟

你的妈妈最爱吃什么菜？也许这是很多人都回答不上来的问题。但你爱吃什么样的菜，你的妈妈却像数家珍一样，可以一一道来。这就是母亲，她总会把我们爱吃的东西牢牢记在心里，唯独忽略了她自己。

青少年朋友，你们已经长大了，要学会多给自己的父母一点儿关爱。父母为我们操劳一生，却从不求任何回报，但是，你的一声问候，一个拥抱，甚至你往父母的碗里夹一次菜，都会给他们带来莫大的安慰和幸福。

剩菜，她却吃得津津有味。

“直到那次舅舅生日，席间，我舅舅特意嘱咐我，让我把那盘酱烧鸡翅转过来，一个劲儿地往我妈碗里夹，嘴里一直说：这是你最爱吃的鸡翅，多吃点……”

朋友的眼睛，有些湿润。他叹了口气，继续说：“从那以后我就养成了习惯，每次出去吃饭，都要点一个酱烧鸡翅给我妈带回去……”

大家都沉默了，或许每个人都在思索：妈妈，到底爱吃什么菜？

曾经被判死刑的胎儿

在美国的犹他州，曾有一对卡鲁斯兰特夫妇，在妻子怀孕**20**周时，医生告诉他们说胎儿可能有问题，生出来以后会没有肺，无法呼吸，并且建议把胎儿打掉。这对夫妻已经有**3**个孩子了，所有人都劝他们放弃这个胎儿。

但是在做B超时，他们看到了胎儿，他已有成形的手指和脚趾，正在吮吸自己的手指头，那个样子看起来非常可爱。这个可爱的孩子让父母心痛，他们决定不惜一切代价去救治他。

于是，夫妻二人走遍了全国，甚至全世界，四处求医，大多没有结果。最终，他们选择了一种处于实验阶段的手术，叫胎内手术。这种手术很复杂，首先要把产妇的子宫剖开，然后给胎儿做手术，手术后再把子宫缝合继续孕育，然后再等待胎儿生产。这种手术的危险不言而喻，但是卡鲁斯兰特夫妇仍然选择了它！

卡鲁斯兰特太太是第八个接受这种手术的孕妇，在她之前的7名孕妇中，手术成功的只有4个人。但他们无论如何都要试一试。

一个月后进行了胎内手术。医生小心翼翼地把24周大的胎儿拿了出来，从侧腋下的肋骨之间划开一道缝，切除了压迫肺的一块肿瘤，然后缝合手术伤口后，给胎儿补充了羊水，胎儿又回到了妈妈的子宫里继续生长。

这是一次成功的手术，很多年后卡鲁斯兰特太太仍然能够清晰地回忆起当时的情景：手术结束时，医生和护士情不自禁地拍掌庆贺，我兴奋得痛哭流涕，同时又感到幸福无比，因为孩子得救了。手术后6个星期，30周大的胎儿早产。在他出生的一瞬间，宏亮地哭出了第一声，这说明他的肺已正常形成。

卡鲁斯兰特夫妇最小的这个儿子活泼爱动，他的梦想是当一名足球运动员。如果不是看到他胸口的疤痕，谁会想到几年前在妈妈的肚子里，他是一个被判死刑的胎儿？因为父母的爱，他获得了健康的生命。

成长感悟

一个没有肺的胎儿，父母本可不去生他养他。但是，他们看到了孩子的样子，看到了孩子吮吸手指的动作，他们的爱告诉他们，无论再苦再难，无论花费多大的代价，都一定要把这个孩子救活！这就是父母之爱，永远无私，永远可以包容一切！

纸钢琴

女儿酷爱音乐。

每天清晨和傍晚，当对面的阳台上响起琴声时，她便痴痴地趴在阳台上听着。她想，如果自己也能有一架钢琴，那该多好啊！

有一天，父亲来到了阳台，他看到女儿趴在阳台上，如痴如醉地听着对面的琴声，十个手指不停地跳跃着。父亲有了一桩心事。

女儿觉得，父亲似乎比以前忙了许多，每天都是很早出门，然后很晚的时候才回来，甚至顾不上洗一下身上的泥灰，疲惫地倒头便睡。

两年过去了，女儿已经考上了一所重点高中。那一天，父亲去银行取出了存款。

一路上，父亲都哼着小曲，心中充满了喜悦。可是，他不知道，背后正有一双邪恶的眼睛盯着他。

来到一家商店后，父亲站在了一架钢琴前。这是一架锃亮的立式钢琴，标价清晰地印着：**18000**。

“够了。”他笑了笑，叫来了售货员。

当他满心欢喜地将手中皱巴巴的皮包打开时，一条被刀划开的口子凝固了他的笑容。

父亲茶饭不思，眼窝深陷，一下子憔悴了。

几天之后，父亲拿出一样东西：一块木板，上面贴着厚纸，画着键盘。父亲惭愧地对女儿说：“爸爸没用，本来想给你买架真钢琴的……”在女儿面前，一向坚强的父亲第一次落下了泪水。

“爸爸!”女儿扑到了父亲怀中，她不知道发生了什么，但她什么都明白。

成长感悟

故事中的父亲不善言语，不怎么会表达自己的情感，但他一天天瘦下去的身体在告诉女儿，父亲是如此地爱她。父亲是在用他的血汗在攒钱，为了女儿，他什么都舍得。一架纸做的钢琴背后，凝结了一位父亲深沉而伟大的爱!

很多人的父亲，都常以他独有的沉静，诠释着父爱的责任。父爱越是深沉，越是含蓄，你才会在某一瞬间，突然发现父爱的厚重与博大。

曾经，有一个父亲……

几年前，某地发生了一起火车汽车相撞的事故。

一辆早班的公共汽车停在一个无人看守的道口，

司机下车找水去了。当时是腊月，天寒地冻，十几名乘客都舒舒服服地呆在暖和的车厢里，谁也没有想到大祸即将来临。

从远远的岔道，驶来了一辆火车。呵气成霜的车玻璃模糊了所有人的视线，马达的轰鸣和紧闭的门窗又隔绝了汽笛的鸣响。当人们发现危险时，一切都已经晚了。

那一瞬间，一切都停止了，却突然间爆发出一个孩子清脆的哭声。

那是一个还在襁褓中的小孩子，就躺在路基旁边不远的地方。小孩子还不懂事，只是哇哇地哭着……

有旁观者说，在最后的那一刻，有一双手伸出车窗外，把孩子抛了出来……

小孩子的父亲最后被找到了。他的座位正对着火车驶来的方向，几乎是第一个被撞上的人。他的头颅被挤扁了，衣服上满是血污与脑浆……那么，人们是怎么认出他的呢？

因为他的双手。直到惨剧发生后，他的双手仍对着窗外，做着抛丢的姿势。

很多年过去了，没有人知道那个男人的名字。只是，直到现在，当人们经过那个道口的时候，还会指指点点："曾经，有一个父亲……"

成长感悟

每个人都有求生欲，这是人的天性与本能。可是，在惨剧发生的时候，这位父亲的第一反应是把孩子抛出窗外！这是一种多么深切的爱啊，它竟然可以让人忘掉求生的本能，义无反顾地去保护自己的孩子！

父爱是一种与生俱来的爱，它不求回报，经得起任何情况的考验，哪怕是付出自己的宝贵生命，父亲也会不假思索、毫不犹豫！

实验室里的小白鼠

费尔医生要用成年小白鼠做某种药物的毒性试验。在一群小白鼠中，有一只雌性小白鼠，由于后脖根部长了一个绿豆大的硬块，便被淘汰下来。费尔医生想了解一下硬块的性质，就把它放入一个塑料盒中，单独饲养。

十几天过去了，肿块越长越大，小白鼠腹部也逐渐大了起来，活动显得很吃力。费尔医生准备解剖它，取些新鲜肿块组织进行培养观察。但就在这时，他被一幕景象惊呆了：小白鼠扭过头死死咬住自己的那块肿瘤，猛地一扯，皮肤裂开一条口子，鲜血汩汩而流。小白鼠疼得全身直打哆嗦，让人看了不寒而栗。然后，小白鼠浑身痉挛地把一大半肿块咬下吞食了。费尔医生被小白鼠这种渴望生命的精神和乞求生存的方式深深感动了，他沉默地收起了手术刀。

第二天一早，费尔医生匆匆来到小白鼠面前，看看它是否还活着。令人惊讶的是，小白鼠身下，居然卧着一堆粉红色的小鼠仔，正拼命吸吮着乳汁。费尔医生数了数，一共有**8**只幼仔。小白鼠的伤口已经停止了流血，后脖颈部由于扒掉了肿块，白骨外露，惨不忍睹。但是小白鼠精神明显好转，活动也多了起来。

恶性肿瘤还在无情地折磨着这位身为母亲的小白鼠。费尔医生明白，一旦小白鼠死去，要不了几天，它的幼仔就会全部饿死。从这以后，费尔医生每天的第一件事，就是来到鼠盒前，看看这只小白鼠的情况。费尔医生被深深地震撼了，**8**只渐渐长大的鼠仔没命地吸吮着身患绝症、骨瘦如柴的母鼠的乳汁，但母鼠不知从哪里生出来的一股强大的力量，一直努力延长着自己的生命。

终于有一天，小白鼠安然地卧在鼠盒中间，一动不动了。这是生下鼠仔**21**天后的早晨，**8**只仔鼠团团围住了自己的母亲。费尔医生突然想起，小白鼠的离乳期是**21**天，也就是说从今天起，鼠仔不需要母鼠的乳汁，可以独立生活了。

费尔医生潸然泪下。

成长感悟

有一种爱可以承担一切苦难，那就是母爱，它总是无怨无悔。母爱就像一泓清泉，能让我们解除干渴；母爱就像一棵绿树，能给予我们荫凉。

人世间有母爱，动物也有。母爱这个题材是古老的，更是永恒的。一直以来，母爱就这样义无反顾地谱写了一页又一页震撼人心的不朽篇章！

Chapter

12

阳光总在风雨后——成功从来都是千回百转的事

挫折是成长的阶梯，困难是人生的另一所大学。阳光总在风雨后，成功的道路不会那么一帆风顺。一个人的成长历程，就是经历一连串的磨难和考验的过程，只有迎接并克服磨难，才能拥有足够的力量和智慧。青少年要成为未来社会的强者，就应当在生活中磨练自己坚韧的意志，把不幸和苦难当成自己人生最好的教材。

名著从一页纸开始

亚历克斯·哈里在美国服役时就爱上了写作，可是，不知道为什么，他总是不能写出让人满意的作品。

后来，有人告诉他，写作需要一种灵感。于是哈里为了写作，每天都必须等待“情绪来了”，才坐在打字机前开始工作。

不言而喻，灵感的到来是让人琢磨不定的，所以，要想具备这个理想的条件并不容易，因此，哈里很难感到有创作的欲望和灵感。这使他情绪更为不振，也越发写不出好的作品。

每天，当哈里想要写作的时候，他的脑子就会一片空白，像一台生了锈的机器，无法运转。这种情况使他感到害怕。

为了避免瞪着白纸发呆，哈里干脆离开了打字机。他去整理花园，把写作暂时忘掉，这样，他的心里马上就好受了很多。当然，哈里有时也会想其他的方法来摆脱这种心境，比如去打扫卫生，或者刮胡子。

但是，对于哈里来说，这些做法还是无助于他在白纸上写出文章来。后来，他偶尔听了作家奥茨的经验，觉得深受启发。

奥茨说：“对于‘情绪’这种东西，你千万不能依赖它。从一定意义上来说，写作本身也可以产生情绪。有时，我感到疲惫不堪，精神全无，连**5**分钟也坚持不了。但我仍然强迫自己写下去。而不知不觉地，在写作的过程中，情况完全变了样。”

哈里认识到，要实现一个目标，就必须待在能够

成长感悟

如果哈里每天都选择躲避打字机，那么，他是不可能写出伟大的作品的。但是，哈里没有被心魔击垮，他为自己制定了严格的作息时间，然后勇敢地坐在了打字机前。最终，他战胜了困难，取得了巨大的成功。

如果我们从小就知道，做好任何事都必须付出努力，那么我们就不会害怕困难，就不会在遇到挫折时轻易放弃。许多人没有成功，只是因为太放纵自己。当我们要失去信心的时候，不妨自问一句：为什么不能再坚持一下呢？

实现目标的地方才行。经过冷静的思考，哈里决定马上行动起来。他制订了一个计划，把起床的闹钟定在每天早晨7点半，到了8点钟，他便可以坐在打字机前。他的任务就是坐在那里，一直坐到他在纸上写出东西为止。如果写不出来，哪怕坐一整天，也绝不动摇。他还订了一个奖惩办法：每天写完一页纸才能吃早饭。

第一天，哈里忧心忡忡，直到下午两点钟他才打完一页纸。第二天，哈里有了很大进步，坐在打字机前不到两小时，就打完了一页纸，较早地吃上了早饭。第三天，他很快就打完了一页纸，接着又连续打了5页纸，这才想起吃早饭的事情。

经过了长达12年的努力，他的作品终于问世了。这本仅在美国就发行了160万册精装本和370万册平装本的长篇小说，就是我们今天读到的经典名著——《根》，哈里因此获得了美国著名的“普利策奖”。

活着就像在舞蹈

在女孩很小的时候，父亲就抛弃了她和母亲。坚强的母亲将女儿送进了一所舞蹈学校。

女孩的母亲并没有被这高昂的学费所吓倒，这个毫无特长的女人，四处打零工挣钱，用来支付女儿那高昂的学费。

7岁的女孩每看到母亲整日忙碌和疲惫的身影，就会忍不住流泪。

一天，女孩对她的舞蹈教练说：“我想退学，我实在不想让母亲这样为自己操劳。”

教练问：“孩子，如果你退学，你觉得你的母亲会开心吗？”

女孩回答：“至少我可以让母亲过得轻松点儿。”

教练又问：“你知道母亲最大的心愿是什么吗？”

女孩回答：“当然知道，母亲希望我成为舞蹈家。”

教练说：“记住，只有实现了愿望的人才能变得轻松和开心。因此，你必须好好学习，才能了却母亲的心愿。”

从此，女孩小小年纪就上了她的第一堂人生课：从母亲的行动和老师的言语中受到了无穷鼓舞。女孩每天都会勤奋练习，比其他孩子更加努力。

虽然女孩每次都比别的孩子吃的苦多，但她流的泪和抱怨的话却比别的孩子少。几年之后，女孩成了最出色的学员，并开始登台表演。

然而，命运总是喜欢捉弄人。当女孩成长为少女时，她的身体却出了毛病：骨形不正，腰椎突出。对于一个舞蹈演员来说，来自身体上的任何毛病，都将决定一种结果——她将永远离开舞台。这个打击对女孩和她的母亲来说是无比沉重的。

面对这些，是退缩？还是坚持？最后，这个坚强的女孩选择了后者。她忍受疼痛的折磨，在身体上装了一个校正仪，继续练习她的舞蹈。

女孩的努力和顽强没有付诸东流，国家舞蹈团招收了她，她很快成了领舞。后来，她的足迹遍布世界各地，她优美的舞姿倾倒了无数观众。

后来，这个女孩成了西班牙国家舞蹈团的常青

成长感悟

活着就像在舞蹈，一个拥有梦想，为了梦想而努力的人，任何困难和挫折都不能阻挡她舞动的脚步。为了实现自己的梦想，她会永远地跳下去，直到自己跳不动为止。

面对挫折，我们要有勇气接受生活和命运的挑战与考验。每战胜一次挫折，就可以让自己变得更加强大。不管条件如何艰苦，只要我们用积极的人生态度去面对，就一定可以获得成功。

树，她就是享誉全世界的弗拉门戈舞皇后阿伊达·戈麦斯。

有一年，当阿伊达·戈麦斯来中国巡演时，记者问她："面对贫穷和不幸，面对病痛与磨难，你是如何理解人生的？"

这个已在舞台上奋斗了40多年的弗拉门戈舞皇后，笑容依旧美丽迷人，她说："在我眼里，除了战争和死亡，别的都不能叫不幸。活着就像在舞蹈，一个有梦并愿为此追求一生的人，没有什么东西能阻挡住她。我会永远地跳下去，直到跳不动那天为止。"

当失败不可避免时

成长感悟

面对不可避免的失败时，很多人的做法都是，要么马上放弃，要么"破罐子破摔"。他们认为反正都已经失败了，何必还要让自己再枉费心机呢？这些都是不可取的。

即使面对失败，我们也要保持一种积极乐观的心态，尽我们最大的努力，把失败造成的影响降到最低点。只有在失败中求新的成功，我们所失去的才是最少的，我们的人生才是最精彩的。

一个优秀的年轻人去参加一场大型人才招聘会。在面试的过程中，考官出了这样一道题：

"假如你手上正抱着一个很重的东西，不巧的是，有人碰了你的手一下，结果，你手上的东西马上就要掉下去了，而且已经来不及抢救了，你该怎么办？"面试的考官问道。

"用剩余的力量将东西倒向没有人的地方。"那个年轻人毫不犹豫地说。

"但是，如果四周都是人，你要怎么办呢？"考官追问道。

年轻人稍微思考了一会儿，接着说："倒向男人而不要倒向女人；倒向男人的次要部位，而不要倒向他们的要害部位。"

对于年轻人的回答，考官露出了满意的笑容，当场决定录用他。

不难看出，这个年轻人确实是一个优秀的人，他深深懂得人生的道理：即使是面临不可避免的失败时，也要选择较好的方式。

磨难中诞生的伟大史书

汉朝有一位历史学家叫司马迁，他祖上几辈都是国家的史官，负责记录历史。司马迁年轻时就立下志愿，自己将来也要做一名史官，写出一部完整的史书。

为了给史书的写作搜集素材，司马迁离开长安，到各地远游，考察历史古迹。他搜集到了许多珍贵的史料，了解了从黄帝到汉武帝这段漫长岁月中的历史情况，记录了很多英雄豪杰和人民群众的动人事迹。后来，司马迁的父亲去世了，他接替父亲做了史官。想到自己的志向，他开始了漫长的写作历程。

但是就在这时候，厄运突然降临，一次政治事件把他卷了进去。司马迁为国家着想，说了几句真话，得罪了汉武帝，最后竟然被处以死刑。如果想要免除死刑，只能出钱赎身或接受腐刑。司马迁家中很清贫，万不得已，他只能选择接受腐刑，以求保住自己宝贵的生命。腐刑是最残忍的刑罚，受刑人被割掉生殖器，失去男性特征，是莫大的耻辱。

因为腐刑，司马迁的心灵受到很大的伤害，有的朋友认为他怕死贪生，甘受污辱，也开始疏远他。但是，司马迁没有在逆境中倒下，也没有忘记自己的理想。他不做任何辩解，只是夜以继日地投入到自己那部宏大史书的写作中去。

多年以后，司马迁终于完成了伟大的史学著作《史记》。司马迁曾说："人固有一死，或重于泰山，或轻于鸿毛。"在他生命中最黑暗的时候，他没有选择一死了之。为了《史记》的写作，他忍受着所有耻辱和痛苦，最后终于实现了自己的理想。

成长感悟

有时候，人生中有价值的事，并不是人生的美丽，而是人生的酸苦。司马迁在备受曲解、遭受腐刑的情况下，不畏磨难，发奋著书，终于写出了流传千古的《史记》。

自古圣贤多磨难。很多时候，往往没有经历磨难，难成大器。表面上看，磨难的日子是苦涩的，可磨难又是我们生活中最真诚的朋友，经历了磨难后，你会更成熟，更坚强。

盲人钢琴调律师

她刚出生3个月，就被医生诊断为先天性白内障，即使做了手术，视力也达不到0.1，这等于在无情地宣告：她一辈子都将是瞎子！

迷信的父母认为她是不祥之物，决定遗弃她，幸好姥姥及时赶来把她抱走了。10个月大时，姥姥带她做了眼睛外科手术，虽然左眼视力恢复为0.02，但依然只有光感和微弱色感，而右眼已经完全失明。对于她来说，世界是如此的黑暗。

只有姥姥很爱她，对她悉心照顾。凭着过人的听觉和触觉，她学会了单独出门，甚至拿东西也不必摸索。长大后，她进入盲校学习钢琴调律。毕业后，她决定找一份工作，她要靠自己的双手养活自己。

那时北京有二十多家琴行，她就一家一家上门去应聘。但是，由于她是盲人，所有人都拒绝了她。她有些沮丧，谁叫自己是盲人呢，不被人们信任也不足为奇。

那一天，她走在大街上忽然灵机一动：反正我可以感觉到光，我也能做健全人做的事，下次应聘时，我就干脆冒充健全人！

下定决心后，她又来到一家规模较大的琴行应聘。这一次，老板没看出她有什么异常，于是拿了一台琴给她调。结果，她调得非常准，不但如此，她还把这家店里的一把破琴修好了。老板大为折服，当即决定："没想到你小小年纪又能调又能修，还非常熟练，你明天就来上班，月薪 **800**。"当时是 **1996** 年，这是很高的工资了。她心里暗自高兴，自己终于成功了！

可是没想到，老板却准备让她做售后服务。也就是说，琴行卖出钢琴后，由她上门帮顾客调琴。她一听就犹豫了，过了好一阵，她终于苦涩地对老板说："其实我是盲人。"

老板一听，吓了一大跳。"盲人？真没看出来，我原来听说过盲人可以调律，但没想到你竟然调得这么好！"老板的这句话让她美滋滋的，心里重新燃起一线希望，于是她又赶忙对老板说："盲人钢琴调律在欧美已经有一百多年历史，我学的就是欧美的先进技术，相信一定能让顾客满意的。"

老板接着说："你的技术我看到了，我完全相信你。但是，你的工作只能是上门为用户服务。钢琴卖到哪儿，你就必须跟到哪儿。如果没人带着你的话，你能找到用户家吗？再说，我还得为你在路上的安全担心。"老板的话虽然直白但也合情合理，看来她只有打道回府了。

可是，她还是站着没动，稍加思索后，她问道："每年都会发生许多交通事故，到底撞死了几个盲人，您知道吗？"

成长感悟

陈燕虽然是个盲人，但她却顽强地拼搏着、生活着，最终成为一名优秀的钢琴调律师。

迎接磨难并予以克服，你就会拥有所需的足够的力量与智慧。如果一个人总是生活在一帆风顺的环境中，没有经历过挫折和磨练，就好像是温室里的花朵，一旦脱离了优越的条件，就会面临难以生存的困境。

“不知道，没听说有人统计过。”

“我来告诉您把，一个也没撞死。常言说善泳者溺。我们是视觉上的弱者，但我们却是听觉和触觉上的强者。”

老板被她的话打动了，陷入了沉默之中。她听老板没说话，就赶紧又接着说：“这样吧，您先给我一个月的时间，我去熟悉大街小巷，到时候您再决定要不要我。”

老板彻底被这样一个盲人姑娘的睿智和执著感动了，说：“如果你能胜任，我非常乐意把这份工作交给你！”

一个月之后，她居然真的记住了全市的交通和地理位置，顺利得到了这份工作。在克服了无数常人无法想象的困难之后，她渐渐在琴行站稳了脚跟，而且一干就是好几年。

后来，她辞了职，做起了个体钢琴调律师。她就是著名的第一代女盲人钢琴调律师陈燕。

杰克·伦敦的流浪生活

他是一个私生子，他的母亲改嫁给了一个已经有了11个孩子的男人。11个孩子加上他，贫寒的家境可想而知。他的童年是在贫民窟中度过的。

刚刚11岁的时候，他靠外出打零工独自养活自己。15岁的时候，他来到一家罐头厂做童工，每天要连续工作十几个小时，而报酬仅仅是1美元。过了不久，他省吃俭用攒了一些钱，加上从朋友那借来的一些钱，他买了一条小船，为的是参加偷袭私人牡蛎场的队伍。但是很不幸，他被渔场巡逻队抓获，由于交不起罚金，他被留下来做苦力。后来，他又决定去远东当水手，但是结果更糟。18 岁的时候，他又参加了失业者组织，跟着人群向华盛顿出发，最后因为这次行动的领导在华盛顿以“践踏国会草坪”之罪被捕，他又过起了流浪的生活。他根本没有家，监狱、警察局都是他的临时住所。

但是尽管如此，他仍然没有对生活丧失信心，他始终相信，自己能亲手推开生活紧闭的门，拥有一个灿烂的未来。在流浪的过程中，他如饥似渴地学习知识，不甘于自暴自弃。当生活一次次让他痛苦不堪的时候，他总会用书本慰藉贫瘠的心灵。在他 20 岁那年，他甚至考进了加州大学。但是，大学的门毕竟不是向他这样穷困潦倒的人敞开的。在上完大学的第一年后，他被迫退学，然后和姐夫一起去阿拉斯加淘金。然而，他的“黄金梦”又很快破灭了，他患了一场大病，住进了一个破烂不堪的小窝棚里。当他躺在床上忍受病痛的时候，他萌发了写作的念头。这时，他丰富的生活经历，铸就了他第一篇小说——《给猎人》。

命运女神终于开始垂青于他。当第一篇小说发表之后，他一发而不可收，两年后，他出版了自己的第一个短篇小说集《狼之子》。这个时候，和生活拼搏了二十多个年头的他，终于看到了生活的曙光。在他 33 岁的时候，他写出了自己的代表作《马丁·伊登》。这本带有自传色彩的小说，写的是主人公伊登依靠个人奋斗功成名就的故事。这本书让他声名远扬，他终于成功了。

他就是美国著名作家，被誉为“世界四大短篇小说大师”之一的杰克·伦敦。

成长感悟

杰克·伦敦的一生，像一部生动的人生教材。他告诉那些生活在困境中的人们，只要不惧怕困难，只要勇敢地迎接生活的挑战，最后就一定能取得成功。

生命中的每个挫折、每个伤痛、每个打击，都有它的意义。青少年朋友，人的一生不可能一帆风顺，我们要感谢所经历或将要经历的磨难，它带给我们力量，让我们积累经验，使我们坚强振作。磨难是我们“真诚的朋友”。经历了磨难，我们才能看见生活的阳光。

逆境意味着什么

一个学生问自己的哲学老师："对于一个人来说，逆境意味着什么?"

哲学家捋了捋胡子，笑着说："我饿了，咱们去做饭吃吧。"

学生摸摸脑袋，他有点闹不明白，平时做学问废寝忘食的老师，这次居然在自己提出问题的时候说饿了!

没办法，学生跟着自己的哲学老师来到了他的家里。老师的饭食十分简单。他先在一只锅里加上水，放入**5**个用盐腌泡过的生鸭蛋，再把它置放煤炉上。煤火很旺，锅中的水很快滚开了。**10**分钟后，他取出煮熟的鸭蛋，又把洗好的红薯放入烧沸的开水。半小时后，红薯也煮熟了。老师将它们一一捞出，洗净锅又重添清水，在火上烧开，然后均匀地搅进玉米粉，熬煮成一锅黄澄澄的玉米粥。

很快，哲学老师将热腾腾的饭菜摆好一桌。刚煮熟的鸭蛋、红薯和粘乎乎的玉米粥使这位学生食欲大增。

"你知道我为什么要用这几样食物招待你吗?"哲学老师眯着眼睛，温和地问道。

学生摇了摇头。

老师笑了笑，递给学生一个鸭蛋，让他剥开观察颜色，又拿起一块红薯叫他尝尝，最后又指指那碗玉米粥问他香不香。

学生品尝着食物，赞不绝口。

这时，老师说话了："你该用心去看、去尝、去闻，才会品出些什么。对于三种食物来说，滚烫的开水是他们共

成长感悟

在开水的洗礼下，三种不同的食物有着完全不同的表现：红薯变软了，鸭蛋"历练"出"坚强的内心"，而玉米粉改变了开水!

故事中的开水就如同我们生活中遭遇的"逆境"：有的人会在逆境中沉沦，最终被逆境改变；有的人会在逆境中成长，变得更加坚强；有的人努力奋斗，不但没有被眼前的生活压垮，反而靠着自身的力量改变了生活！青少年朋友，你们愿意做哪种人呢?

同的逆境，面对逆境，它们的表现却大不相同——本来硬实的红薯进入开水后逐渐变弱变软，失去了自身的本性；一向被一层薄薄外壳包裹而身躯呈液态的鸭蛋，一经开水的洗礼，整个内脏竟变得坚韧硬实；更令人惊叹的是玉米粉搅入开水后，透明无色的水反倒被它们改变了……”

学生刹那间愣住了，老师的话引起了他内心强烈的震憾！

用笑脸迎接挫折的人

琼斯是一个具有超强乐观精神的人，她的心情总是特别好，而且对任何事情总是有积极的看法。当有人问他近况如何时，她总是回答：“我每天都快乐无比！”

当然，如果一旦遇到不愉快的事情，琼斯都会对自己说：“琼斯，你可以选择成为一个受害者，也可以选择从中学些东西。”每一次，她都会选择从中学习。

一天，琼斯出事了。她一大早出去锻炼，忘了关门。当她回来的时候，她发现有 **3** 个人正在她家偷窃，其中一个歹徒因为紧张而对她开了枪。幸运的是，歹徒匆忙离开了，好心的邻居迅速把她送到了医院。经过 **28** 个小时的抢救和几个月的精心照料，琼斯出院了。

事发后的 **6** 个月，一个朋友去看琼斯，问她近况如何，琼斯答道：“我快乐无比。想不想看看我的伤疤？”朋友弯下腰看了她的伤疤，问道：“当歹徒向你开枪时，你想些什么？”

“第一件浮现在我脑海中的事是，我出门的时候应该关好门窗。”琼斯说道，“当我躺在地上时，我对自己说：你有两个选择，一个是死，一个是活。我选择了活。”

“你不害怕吗？有没有失去知觉？”朋友又问道。

琼斯回答道：“医护人员都很好，他们不断地告诉我，我会好的。但当他们把我推进手术室后，我看到他们脸上的表情，从他们的眼神中，我读到了这样一个讯息：‘她是一个死人。’我知道我需要采取一些行动了。”

“你采取了什么样的行动？”朋友依然耐心地问。

“一个长得很帅气的医生大声问我问题，他问我对什么东西过敏吗？我马上回答道：‘有的。’这时，所有的医生、护士都停了下来，等着我说下去。我深深地吸了一口气，然后用尽全力说道：‘子弹！我对子弹过敏！’在一片笑声中，我又说道：‘我选择活下去，请你们把我当成活人来医治，而不是死人。’”

就这样，琼斯被治好了，活了下来。

成长感悟

在每个人的生活和成长之中，都会遇到各种困难、障碍，遭遇很多的挫折、痛苦和折磨。在挫折面前，有的人选择了逃避、暴怒、恐慌、沮丧和放弃，他们的选择影响了他们的生活、工作，甚至生存。

青少年朋友们，我们应该像故事中坚强的琼斯一样，选择用笑脸迎接挫折，用乐观积极的心态面对困难，对环境的变化作出灵敏的反应，善于把不利条件转化为有利条件。只有这样，我们才能摆脱困境，取得成功。

栽倒了再爬起来

作为电影制片人，罗伯特可谓是一帆风顺。但是，罗伯特并不满足，他认为，做制片人还不能充分展示他的才能和创造性。在好莱坞，真正的荣誉属于导演。

终于，在罗伯特的努力下，他执导了一部片子。但令人遗憾的是，导演罗伯特并不像制片人罗伯特那样受人欢迎，他的电影票房很低。

罗伯特没有灰心，他决定继续努力。几年之间，罗伯特又执导了几部电影，然而不幸的是，这些电影又接连砸场。罗伯特陷入了人生的最低谷。

在那段难熬的日子里，妻子离开了他，朋友远离了他。为了躲避债务，罗伯特从好莱坞逃到一个小城镇，过起了隐姓埋名的生活。

为了寻找新的根基，罗伯特倾家荡产，好不容易在那座小镇上买了一个干净的房子。

“当时，我完全垮了。”后来回忆那段经历时，罗伯特这样说。

在那所干净的房子里，罗伯特陷入了冥思苦想。最后，他选择尽量让自己忘掉那些失败，让自己重新恢复平静。他做到了。

罗伯特过了一阵安宁的生活，随后，他重新回到了好莱坞，那个他曾经惨败的地方。他怀揣着从未有过的谦卑感回去了。一切都要重新开始，一种完全不同的自我意识支持着他。

罗伯特放下身段，从最底层开始干起。他默默告诫自己：“我需要倒退 **3** 步，才能前进 **4** 步。倒退虽然很痛苦，却不可少。”

终于，尝尽苦难的罗伯特登上了好莱坞的顶峰。这一次，他既非制片人，也不是导演。他的身份是电影公司的董事长。

成长感悟

经历挫折和失败是我们走向成功的必要条件。平静的湖面，训练不出强悍的水手；安逸的环境，造就不出时代的巨人。

“失败了再爬起来”，看起来是一句鼓舞失败者的最好的话，但是要真正实践起来，需要的是自我激励的品质和勇气。只有那个真正站起来的人，才是最后的成功者。

以胜利者的姿态去迎战

在拿破仑的传记作品里，曾记载着这样一个故事：

在马林果战役的前夕，拿破仑坐在营帐里，他把 **4**

枚钉子放在一张意大利地图上，一边挪动钉子，一边思考着。拿破仑信心十足地说："现在一切都好了，我一定要抓住他。"

"抓住谁？"一个军官问道。

"墨拉其，他要从热那亚回来，途中经过都灵，回攻亚历山大里亚。我要渡过波河，在塞尔维亚平原等待他，我一定要在这儿打败他。"拿破仑胸有成竹地说。

但是大大出乎拿破仑意料的是，马林果战役打响后，敌军进行了顽强的抵抗，法军最后竟只剩招架之力。拿破仑的计划眼看就要泡汤了。

在拿破仑撤退的队伍中，有一个小鼓手，当军队站住时，拿破仑焦急地冲小鼓手喊着："击退兵鼓！"

可是这个小孩却一动不动。

"小孩，快击退兵鼓！"

"小孩，快击退兵鼓！"

这时候，小鼓手拿着鼓槌向前走了几步，然后大声说道："大人，我不知道怎么击退兵鼓，长官们从来没有教过我。但是我会敲进军鼓，我会敲最激昂的进军鼓。大人，现在我还可以敲进军鼓么？"

拿破仑无奈地摊了摊手："小家伙，我们吃败仗了，还敲什么进军鼓呢？"

"大人，我们可以打败他们！要赢得胜利还来得及。大人，让我在这里敲进军鼓吧！"

小鼓手坚毅的目光打动了拿破仑，他冲小鼓手坚定地点了点头。随着小鼓手猛烈的鼓声，法军开始向奥地利军队反扑过去。那个小鼓手走在队伍的最前面，敲着激昂的进军鼓。他以自己勇敢无畏的精神开辟了胜利的道路。

成长感悟

小鼓手只会敲进军鼓，在他的字典里，根本就没有"失败"二字。最终，在他铿锵有力的进军鼓中，拿破仑的军队扭转了不利的局面，击败了来势汹汹的敌军。

无论面临什么样的困境，我们都不应该畏缩不前，而是应该以勇敢无畏的姿态去迎接挑战。很多时候，困难就是纸老虎，你弱它就强，你强它就弱。我们应该保持旺盛的斗志，成为生活的强者。

坚持下去才能取得成功

在1832年的美国，他和其他人一样，也失业了。这显然使他很伤心。但他仍然下定决心，坚信自己能够成为一名政治家。

糟糕的是，他第一次参加州议员竞选，结果失败了。在一年里遭受两次打击，这对他来说无疑是痛苦的。

后来，他着手开办自己的企业，可是，不到一年的时间，这家企业又倒闭了。在以后的17年间，他不得不为偿还企业倒闭时所欠的债务而到处奔波，历尽磨难。

随后，他再一次决定参加竞选议员，这次他成功了。他内心萌发了一丝希望，认为自己的生活有了转机："可能我可以成功了！"

1835年，他与一位美丽的姑娘订婚。很不幸的是，结婚前几个月时，他那美丽的未婚妻去世了。他心灰意冷，数月卧床不起。

1836年，他得了神经衰弱症。

1838年，他觉得身体状况良好，于是决定竞选州议会议长，可他失败了。

1843年，他又参加竞选美国国会议员，但这次仍然没有成功。

他虽然一次次地尝试，但却是一次次地遭受失败：企业倒闭、情人去世、竞选败北。

他是一个聪明人，具有执著的性格，他没有放弃，他也没有说："要是失败会怎样？"1846年，他又一次竞选国会议员，终于当选了。

两年的任期很快就到了，他决定要争取连任。他认

成长感悟

不经历风雨怎能见彩虹，一个人只有经历了磨难，才懂得品尝成功的滋味。一直坚持到最后的人才知道，世界上没有“不可能”。只有你一直坚持下去，才能取得成功。伟人和凡人的不同，就在于能否永不放弃，能否一直坚持到最后。在林肯的一大半人生中，他都是一个失败者，但他坚持了自己的梦想，最终成功了。

为自己作为国会议员时的表现是出色的，相信选民会继续选举他。但结果很遗憾，他落选了。

因为这次竞选他赔了一大笔钱，为了挣回竞选中花销的这一大笔钱，他向州政府申请担任本州的土地官员。州政府退回了他的申请报告，上面的批文是：“本州的土地官员要求具有卓越的才能和超常的智慧。”

接二连三的失败并未使他气馁。过了两年，他再次竞选美国参议员，仍然遭到失败。

然而，作为一个聪明人，他没有服输。

1854年，他竞选参议员，但失败了；两年后他竞选美国副总统提名，结果被对手击败；又过了两年，他再一次竞选参议员，还是失败了。

他尝试了11次，可只成功了两次，他一直没有放弃自己的追求，他一直在做自己生活的主宰。

1860年，他终于当选为美国总统。他就是至今仍让美国人深深怀念的第16任总统亚伯拉罕·林肯。

用行动反击失败

棒球史上最伟大的投手弗兰克曾这样讲述自己的故事：

“1974年我受伤了，是为洛杉矶道奇队打一场夜间比赛时受伤的。那个赛季我拥有一个棒球选手所梦想的最佳状况——我是那年全国联赛的头号投手，即将赢得参赛以来的第20场胜利，球队也将打进世界系列赛。男孩子所有的梦想，都将在我身上实现。突然间，嘭的一声，什么都完了。

“韧带断了，所有投手最怕肘部受伤，因为手术常常意味着投手生涯的终结。我需要进行的手术，是任何投手都没有做过的，但我知道要想继续打球，就别无选择。

“1974年9月25日，医生给我做了手术，复原的过程极为缓慢。我问医生：‘我有没有机会再投球?’他们回答说：‘有1%的机会。’但他们对我太太莎莉更坦白，说：‘你的工作就是要鼓励汤米，想想他将来要做什么，因为他的投球生涯恐怕已经结束了。’

“一个星期天，我手裹着石膏，带着在我手术后两天才出生的漂亮女儿，坐在教堂里听牧师布道。牧师讲道的内容是有关亚伯拉罕和他的妻子莎拉的，莎拉在七十几岁时才怀了第一胎。

“牧师读着圣经的故事，抬起头说：‘你知道，与上帝同在，没有不可能的事。’他说话的时候就看着我。我在圣经的这句话上做了记号，这正是我需要听的。

“16个星期之后，我拆掉石膏，手指萎缩得很厉害，我太太说看起来很像鸡爪。手臂瘦弱无力，好像是90岁的老人。要抓东西，还得把手指头扳过去。连切切肉、开开门都办不到。莎莉用婴儿油帮我擦肌肤时，我的皮肤会一块块脱落在她手上。

“在康复阶段，我把大量的时间花在体育场里。在球场上，教练为我实施一系列严格的训练，帮助我强健肌肉。

“复原进展极为缓慢。有一天从球场回到家，我把手放在背后，告诉莎莉，要给她一个惊喜。她以为我在开玩笑，想可能我手里握的是死蜥蜴之类的东西。但当我慢慢把左手从背后伸出来弯着小指去碰拇指时，我们互相拥抱，跳来跳去，高声欢叫。这是我第一次能移动手

成长感悟

弗兰克的成功，说明了这样一个道理：行动是扭转不利局面的唯一途径。逆境，能够让我们的心志更加坚强，历经磨难后，我们可能在人生道路上走得更加精彩。

人生就好比一个大的赛场，你也像弗兰克一样，会面临许多意想不到的挫折和困难。但是，如果你能像弗兰克那样用坚韧的毅力和不懈的行动去反击失败，改善困境，那么你也会像弗兰克一样克服困难，取得最后的成功。

指，感觉就好像得到了10万元奖金似的，因为这表明那些肌肉终于康复了。

“当我不和教练一起练习的时候，就和球队的人一起出去，坐在本垒板后面比划投球动作，尽量为球队做我可以做的事。我告诉道奇队的老板彼德·欧麦里说：‘我在康复，不能投球，但我愿帮忙做任何事情。’

“其他球队的球员、教练、领队都问我：‘你真的以为你可以让那只手臂复原，让它看起来再度像是投球的手吗？’我回答他们：‘我坚信。’

“复原是一段漫长、艰辛的过程，在一年半的时间里，除了周日，我每天都坚持练习。然而我真的恢复了，手术后主投的球赛，比以前还要多，并且，代表扬基队在世界锦标赛中出场。

“许多人看到我，会摇头感叹我是那么坚定果敢。这或许是我家乡威尔斯的传统，或许是其他什么因素，但我喜欢证明别人的谬误。”

拥有成功的坚定信念

多罗西纳18岁的时候来到了美国。因为他从10岁起就跟着裁缝师学缝纫，所以到了美国之后，很顺利地就在一家裁缝店中找到了工作。

到了20岁时，多罗西纳决定要成立一家属于自己的裁缝店。

于是，多罗西纳与他的合伙人共同买下了一间礼服店，他信心十足地把所有的积蓄都投资在这里。但是，接下来发生的许多事情，却不断地考验着多罗西纳开店的决心。

先是在即将开业的头一个晚上，小偷偷走了他将近8万美元的存货；接下来他再度进的货，又在一场意外的大火中付之一炬。

后来，多罗西纳发现，保险经纪人欺骗了他，他所支付的保险费支票，保险经纪人根本就没有交给保险公司，这就意味着公司的这场火灾等于没有保险。

更惨的是，可以证明公司存货内容和价值的一位重要证人，却正好在这个时候去世了。

接踵而来的各种打击向多罗西纳袭来，他受够了，他决定到别的裁缝店去工作。但是，过了没有多久，他渴望拥有自己事业的欲望又开始蠢蠢欲动了。

于是，多罗西纳再次鼓起勇气，开了一家裁缝兼礼服出租的店铺。这一次，他决定多采纳别人的意见，但在大方向上依然坚持自己作决定。因为，他始终相信，如果因此倒下了，那是自己的选择；如果因此成功了，那也是靠自己成功的。

多罗西纳因为始终坚持着这一信念，在不久之后，他的礼服出租店终于成为当地的名店，他的成功也成为商界的一大传奇。

成长感悟

多罗西纳的故事告诉我们，当人生出现挫折和困难时，只要我们坚定成功的信念，不被失败击垮，那么最后等待我们的必将是成功。

在生活中，前行的道路上怎会没有坎坷和荆棘？但是，磨难可以让懦夫一蹶不振，也可以让强者在逆境中改变人生。青少年朋友，你们应该坦然、乐观和坚强，鼓起勇气去战胜遭遇的困境，让人生升华，让生命闪光。

唯一的进球

克劳德·艾金斯从小智力低下，学习成绩更是一塌糊涂，能够考上高中，对他来说已经是一个不小的奇迹。

父母眼见儿子上大学无望，便希望他能在体育上有所发展，托人把儿子弄进了高中篮球队。但是，克劳德·艾金斯低能的智商使得教练根本不想看见他，一个简单的罚球动作，就够他无休无止地练习了。队友们揶揄他，还给他送了个绰号“出色的罚球手”。

那是一次很重要的比赛，可是克劳德·艾金斯所在的球队却被对手打得落花流水。队员和教练明白这场比赛输定了。但比赛还没有结束，这时有队员建议教练，反正剩下一点时间了，索性让从未上过场的克劳德·艾金斯去露露脸。

就这样，克劳德·艾金斯兴奋无比地披挂上阵了。一有罚球，队员便把球传给他。他虽然信心满满，但把球投丢是在所有人意料之内的。可是他依然乐此不疲，以至到了后来，就连对方队员都和他开起了玩笑，把自己队的罚球也传给他，但他不管不顾，依然专心投篮，可是，由于他笨拙的动作，球还是屡投不进。观众也打趣他，并用热烈的掌声鼓励他，这让克劳德·艾金斯更加兴奋。就在距离比赛结束还剩**3**秒钟的时候，奇迹居然出现了，克劳德·艾金斯又接到一个传球，他不慌不忙，用自己极不协调的动作把球投了出去，只见那球在空中划了一条美丽的抛物线，然后稳稳当当地落进了篮筐内。比赛结束了，全场沸腾，观众纷纷起立，为克劳德·艾金斯欢呼鼓掌。这是他有生以来投进的第一个球，他简直欣喜若狂，激动得脱掉了上衣，一边高喊挥舞，一边满场狂奔。赛后有人评论说，克劳德·艾金斯才是那场比赛的真正赢家。

就是那唯一的一个进球，让克劳德·艾金斯的人生发生了翻天覆地的变化。高中毕业后，虽然他屡遭

成长感悟

克劳德·艾金斯，也就是我们熟悉的“憨豆先生”，他没有因为自身的诸多缺陷而气馁，他对生活充满了乐观，那个人生中唯一的进球让他相信，只要自己努力，就一定会有奇迹出现！

对于乐观的人来说，他们总是能够很清楚地意识到，生活中虽然也会遭遇到很多的挫折和失望，然而这些却并不是生活的全部。他们知道，一个人应该相信自己，勇敢地去追求自己想要的东西。风雨过后，阳光一定更加灿烂。

磨难，但他对那最后3秒钟的奇迹一直念念不忘，把它当做激励奋斗的灯塔。他坚信，自己一定还能再次创造奇迹。

后来，一家电视台有个《非9点新闻》栏目招聘演员，克劳德·艾金斯勇敢地去应聘。很多人都讥笑他自不量力，但他仍我行我素，脸上挂着憨厚的微笑。他滑稽幽默的表演打动了导演，导演当即拍板录用了他，并让他担任主演。他主演的喜剧电影《憨豆先生》几乎一夜之间风靡全球，并与金凯利、周星驰一起被称为“当代最伟大的喜剧之王”。

卧薪尝胆

春秋时期，吴王夫差仗着自己国力强大，领兵攻打越国。结果越国战败，越王勾践也被抓到了吴国。

吴王为了羞辱越王，便让他去看守墓地，喂养战马。越王虽然饱受侮辱，但仍然极力装出忠心顺从的样子。每次吴王出门，他都为吴王牵马，而当吴王生病时，他也在床前尽力照顾。吴王很得意，他看到越王这副胆小懦弱的样子，觉得他不可能再对自己构成什么威胁了，就允许他返回越国。

但是，当越王回国后，马上下定决心洗刷自己在吴国当囚徒的耻辱。为了告诫自己知耻而后勇，他每天都坚持睡在坚硬的木柴上，还在门上吊一颗苦胆，吃饭和睡觉前都要品尝一下，为的就是要让自己记住苦涩的教训。除此之外，越王勾践还经常到民间视察民情，替百

成长感悟

越王勾践被吴王夫差所俘，并且在吴国牵马坠镫，看墓喂马，对于一国之君来说，这简直是巨大的耻辱。但是，越王并没有被失败击垮，也没有让自己的意志消沉。回到越国后，他卧薪尝胆十年，终于击败了吴国，洗刷了耻辱。

青少年朋友，每个人的人生都难免遭遇磨难，但是，我们应该用一颗坚强的心去面对这一切。我们应该相信，经过艰苦和挫折之后，生活会变得更美好，人生之路会变得更坦荡。

姓解决问题，让人民安居乐业，同时一刻不停地加强军队训练。

经过十年的艰苦奋斗，越国终于变得国富兵强。于是越王亲自率领军队进攻吴国，并且最终取得了巨大的胜利，吴王夫差羞愧得在战败后自杀。后来，越国又趁胜进军中原，成为春秋末期的一大强国。